L'AVENTURE destination changemakers

À LA RENCONTRE DES ENTREPRENEURS QUI CHANGENT LE MONDE

12, rue du Moulin-Joly, 75011 Paris
www.ruedelechiquier.net

ISBN : 978-2-917770-62-7
Dépôt légal : mai 2014

L'AVENTURE destination changemakers

À LA RENCONTRE DES ENTREPRENEURS QUI CHANGENT LE MONDE

Rue de l'échiquier

SOMMAIRE

PRÉFACE DE

JEAN-PAUL DELEVOYE

La jeunesse française semble aujourd'hui divisée entre une élite qui a le monde pour horizon et terrain de jeu, et une majorité qui perçoit son quartier, sa région ou son pays comme la limite qu'elle ne pourra jamais dépasser ni déplacer.

Matthieu Dardaillon et Jonas Guyot ouvrent avec ce livre une perspective tout à fait différente.

Leur voyage n'est ni une fuite, ni une conquête, mais une découverte. Ce n'est pas une aventure en solitaires mais une expérience à partager, un récit à l'attention de ceux qui, bientôt, partiront à leur tour, comme de ceux qui ne partiront peut-être jamais. Ici, nul catalogue de vérités révélées, juste l'ambition modeste de susciter le questionnement chez quiconque élargit son horizon spatial et temporel.

Les entrepreneurs que Matthieu et Jonas ont rencontrés ne font pas montre de qualités surhumaines, mais au contraire d'une profonde humanité qui confère à leur action un caractère effectivement extraordinaire. Ils ne nous invitent pas à les applaudir ni à les admirer, mais à s'en inspirer, avec nos envies et nos talents propres, pour entamer quelque chose.

Dans un monde en pleine métamorphose, nous avons besoin de lucidité et de pertinence dans l'analyse. Non seulement pour décrypter les enjeux, mais aussi pour renouer avec l'enthousiasme du futur et la confiance dans l'avenir.

Ces deux jeunes gens nourrissent l'idée que notre avenir est à construire collectivement et qu'il peut offrir à toute jeune personne une place, un rôle et une espérance.

Il est illusoire de croire que n'importe quel jeune pourrait partir découvrir le monde, ou que chacun pourrait créer seul une entreprise ou une association à partir d'une idée géniale ; mais il est absolument nécessaire que tous soient encouragés dans leurs initiatives, stimulés dans leur créativité, confortés dans leur esprit d'entreprendre. De sorte que, à l'autre bout du monde comme au coin de son quartier, chaque jeune puisse découvrir ses potentialités et retrouver le goût de la différence et de l'échange. De sorte que chacun trouve un chemin vers l'estime de soi, qui reste la voie la plus directe et fiable vers le respect de l'autre.

Jean-Paul Delevoye, *président du Conseil économique, social et environnemental*

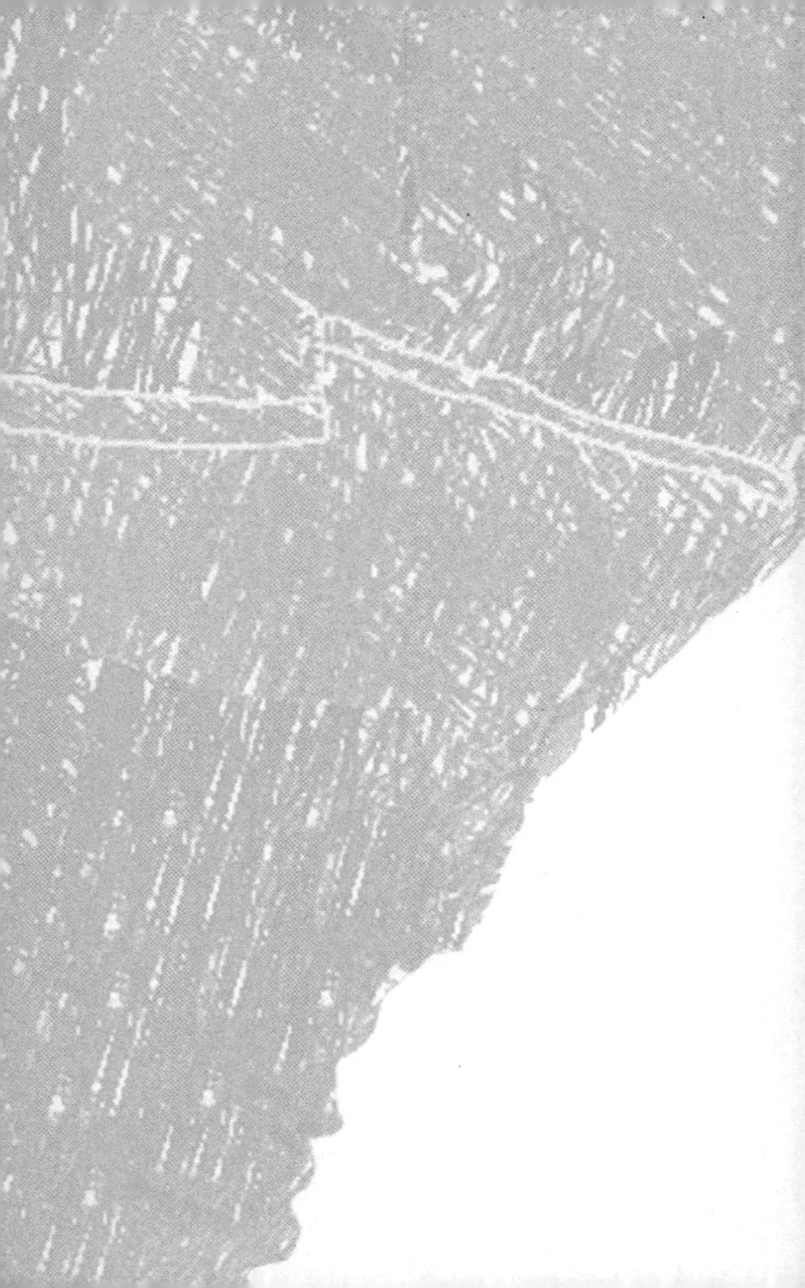

INTRODUCTION

« Les problèmes du monde ne peuvent être résolus par des sceptiques ou des cyniques dont les horizons se limitent aux réalités évidentes. Nous avons besoin d'hommes capables d'imaginer ce qui n'a jamais existé. »

John Fitzgerald Kennedy

« La crise, la crise, la crise. » Voilà le refrain qui tourne en boucle depuis plusieurs années. Nous l'entendons si souvent que la crise devient une bonne excuse pour nous résigner au fatalisme. Nous sommes en train de perdre nos idéaux, notre enthousiasme et notre énergie. En particulier les Français. Comment se fait-il que nous fassions régulièrement partie des peuples les plus pessimistes du monde, derrière des pays comme l'Afghanistan, le Bangladesh ou le Nigéria[1] ?

Certes, le monde ne tourne pas rond. Nous ne pouvons pas le nier. Alors que la France n'a jamais été aussi riche, le chômage atteint des niveaux records, la précarité augmente,

1 - « Voice of the People », sondage BVA-Gallup, 2010.

et le nombre de personnes vivant sous le seuil de pauvreté[2] a augmenté de 1,1 million entre 2002 et 2010 (+ 15 %)[3].

Le monde lui-même n'a jamais été aussi riche. Pourtant, en dépit des progrès réalisés, plus de 1,2 milliard de personnes vivent encore en situation de pauvreté extrême[4], dont plus du tiers en Afrique. Ces populations peinent à se nourrir au quotidien, à se loger et à se soigner. Dans le même temps, les inégalités à l'échelle mondiale sont indécentes : 2 % de l'humanité détient la moitié du patrimoine mondial tandis que la moitié de la population mondiale possède 1 % des richesses[5].

La Terre produit suffisamment de denrées alimentaires pour nourrir ses habitants[6]. Cependant, en raison d'une répartition inégalitaire et du gaspillage – jusqu'à 50 % de la production alimentaire est gâchée, perdue ou jetée entre le champ et l'assiette[7] –, un enfant meurt encore toutes les six secondes dans le monde à cause de la malnutrition[8].

Mardi 20 août 2013, l'humanité est entrée en période de « dette écologique[9] » pour l'année 2013 : en un peu moins

2 - Le seuil de pauvreté est fixé à 60 % du salaire médian.

3 - Observatoire des inégalités, « Les seuils de pauvreté en France », www.inegalites.fr, 6 septembre 2012.

4 - Banque mondiale, « Les taux de pauvreté ont baissé de façon remarquable au niveau mondial, mais d'importants défis subsistent néanmoins », 17 avril 2013.

5 - Étude de l'ONU réalisée en 2006.

6 - Franck Dedieu, « La planète peut-elle nourrir le monde ? », Lexpress.fr, 31 janvier 2012.

7 - Ministère de l'Écologie, du Développement durable et de l'Énergie, « La lutte contre le gaspillage alimentaire », 5 juin 2013.

8 - Organisation des Nations unies pour l'alimentation et la culture,« 925 millions de personnes victimes de faim chronique dans le monde », Fao.org, 14 septembre 2010.

9 - Thomas Diego Badia, « L'humanité entre en période de "dette écologique" », Le Monde.fr, 20 août 2013.

de huit mois, le monde a consommé toutes les ressources naturelles que la planète peut produire en un an. Selon l'ONG canadienne Global Footprint Network, il faudrait aujourd'hui « plus de 1,5 Terre pour répondre aux besoins d'une population humaine toujours croissante ». Si tout le monde consommait autant qu'un Américain, cinq planètes supplémentaires seraient nécessaires ; si tout le monde consommait autant qu'un Français, il en faudrait trois[10]. Nous n'en avons qu'une. L'accroissement démographique ne fera qu'aggraver le problème : les Nations unies estiment que le monde comptera près de 9,1 milliards d'habitants en 2050.

Pour mieux visualiser certains des grands enjeux mondiaux, imaginons que le monde soit un village de **100 habitants**[11] :

- **15 habitants** seraient en situation de sous-nutrition, 50 n'auraient pas toujours suffisamment à manger, tandis que 35 auraient toujours suffisamment à manger, dont 15 seraient en surpoids ;
- **13 habitants** n'auraient pas accès à l'eau potable :
- **22 habitants** n'auraient pas accès à l'électricité ;
- **35 habitants** n'auraient pas accès à des installations sanitaires de qualité ;
- **93 habitants** n'auraient pas de diplôme du supérieur, et parmi ces derniers, 17, âgés de plus de 15 ans, ne sauraient ni lire ni écrire.

Voilà pour le constat. Est-ce pour autant une fatalité ? Nous sommes convaincus du contraire.

10 - Anne Sengès, « Il rêve de laisser son empreinte », *Terra Eco*, février 2010.

11 - 100people.org.

Nous pensons qu'un autre monde et qu'une autre économie sont possibles ! Il est temps de retrouver confiance en notre avenir. Les crises que nous traversons aujourd'hui – qui sont bien réelles – représentent aussi une formidable opportunité pour inventer le monde que nous voulons vraiment.

Dans tous les secteurs de l'économie, des hommes et des femmes innovent chaque jour pour accélérer la transition vers un monde plus équitable et plus durable. Ces pionniers ont en commun de créer une « économie positive[12] » où l'ensemble des acteurs de la société civile, du monde économique, politique et associatif, convergent pour répondre aux problèmes sociaux et environnementaux les plus urgents. Cette nouvelle économie privilégie la coopération à la compétition, le « mieux » au « plus », le partage à la possession de biens, et donne un rôle central aux entreprises dans la création de ce nouveau paradigme.

Ces citoyens engagés ne manifestent pas, ne pointent pas les autres du doigt en rejetant la faute sur eux, et n'aiment pas les grands discours. Ils préfèrent l'action, prennent des risques et incarnent le changement. Leur ambition est de changer le monde, et ils en font leur travail au quotidien.

Trop souvent méconnus, ces entrepreneurs d'un nouveau genre sont des utopistes pragmatiques : ils adaptent les outils de performance actuels pour les mettre au service de leur mission d'intérêt général. Ils ont certainement un des métiers les plus difficiles et passionnants du monde : inventer et mettre en œuvre des solutions aux plus grands défis de la planète. Leur passion est communicative et donne envie de s'engager.

12 - LH Forum.

À l'échelle du monde, des milliers de solutions sont en train de germer ! Certaines sont très simples et semblent évidentes, d'autres nous surprennent par leur inventivité. Certaines bouleversent positivement la vie de quelques dizaines de personnes, d'autres celle de millions d'êtres humains. Toutes cherchent à dépasser les limites du modèle actuel en apportant des réponses concrètes, duplicables et pérennes.

Refusant le fatalisme et la morosité ambiante, nous avons décidé de repousser la fin de nos études pour rencontrer ces pionniers. Nous avons souhaité apprendre à leurs côtés et nous inspirer de leurs initiatives porteuses d'espérances, dans le but d'éclairer nos futurs choix professionnels. C'est cette aventure à la rencontre des entrepreneurs qui changent le monde que nous nous proposons de vous faire partager.

Qui sommes-nous ?

Jonas Guyot et Matthieu Dardaillon, 23 et 24 ans. Depuis l'adolescence – probablement encouragés par notre environnement familial –, nous avons développé une certaine fibre sociale, et nous nous sommes engagés, comme bénévoles, dans diverses associations. Nous nous intéressons aussi à l'économie et au monde de l'entreprise. C'est d'ailleurs ce qui nous amène à nous rencontrer à Paris, en septembre 2009, sur les bancs de l'école de management que nous venons d'intégrer, l'ESCP[13] Europe. Pourtant, nous nous rendons compte que les cours de comptabilité ou de marketing ne nous passionnent pas vraiment, car nous ne voyons pas l'intérêt de ces outils lorsqu'ils ont pour unique but de réaliser des profits.

13 - École supérieure de commerce de Paris.

Au milieu de notre première année à l'ESCP Europe, nous découvrons un peu par hasard l'aventure de l'entrepreneuriat. Nous créons avec un groupe d'amis une association sportive à vocation environnementale, le Star Trekk' ESCP Europe, qui organise aujourd'hui un des quatre plus grands raids étudiants en France. L'expérience est marquante : nous prenons conscience à quel point imaginer, créer et développer des projets à partir de rien peut être passionnant, jusqu'à devenir presque addictif. Nous venons de goûter à la drogue de l'entrepreneuriat.

Parallèlement, nous commençons à nous intéresser aux entreprises qui concilient rentabilité économique et utilité sociale. La lecture de *80 hommes pour changer le monde*[14], de Sylvain Darnil et Mathieu Le Roux, est une révélation : oui, aux quatre coins du monde, des entreprises parviennent à lutter contre la pauvreté et à préserver notre environnement, tout en réalisant des profits. Même si ces modèles ne sont que très peu abordés dans nos cours, ils existent !

Comment le projet est-il né ?

Septembre 2010. Nous sommes maintenant étudiants en deuxième année à Londres, sur l'un des cinq campus européens de l'ESCP Europe, et nous commençons à nous poser sérieusement des questions sur notre avenir. Tous les deux à la recherche d'une carrière porteuse de sens, nous souhaitons contribuer à la résolution des principaux défis économiques, sociaux et environnementaux de notre

14 - Sylvain Darnil, Mathieu Le Roux, *80 hommes pour changer le monde : entreprendre pour la planète*, éditions JC Lattès, 2005.

époque. Nous avons l'intuition que l'entreprise a un pouvoir immense pour changer les choses. Mais quel peut être notre rôle ? Comment s'y prendre ? Par où commencer ?

1er janvier 2011. La soirée de réveillon bat son plein. Une nouvelle année commence. Nous avons envie de faire de grands projets, et surtout, de nous sentir utiles. Entre deux verres, nous nous promettons de réaliser un tour du monde sur le thème de l'entrepreneuriat social[15]. Par chance, nous nous rappellerons de cette promesse le lendemain.

Assez vite, nous décidons de prendre deux années de césure – de pause – dans nos études : l'une pour des expériences professionnelles, et l'autre pour réaliser notre projet. Nous reprendrons notre dernière année d'études dans deux ans. Pour nous, ce projet n'est pas une parenthèse dans notre parcours, mais un tremplin pour trouver notre voie, devenir nous-mêmes acteurs du changement et mettre en œuvre, en France, des innovations sociales glanées dans le monde entier.

Après de nombreux brainstormings, nous optons pour le nom Destination Changemakers, qui résume les trois grandes dimensions de notre projet :

1. Nous aspirons à devenir acteurs du changement ;
2. Pour cela, nous souhaitons rencontrer et travailler avec certains d'entre eux, afin de développer nos compétences ;
3. Nous voulons également faire connaître ces nouveaux modèles d'entreprise, pour inspirer des vocations.

15 - « L'entreprise sociale fait référence à toute activité privée d'intérêt général, organisée à partir d'une démarche entrepreneuriale, et n'ayant pas comme raison principale la maximisation des profits mais la satisfaction de certains objectifs économiques et sociaux, ainsi que la capacité de mettre en place, par la production de biens ou de services, des solutions innovantes aux problèmes d'exclusion et de chômage. » Définition de l'OCDE.

Ce nom, Destination Changemakers, reflète parfaitement notre projet mais, à vrai dire, nous avons encore beaucoup de mal à le prononcer convenablement…

La préparation

Janvier 2011. Nous commençons par nous immerger dans le monde de l'entrepreneuriat social afin de mieux le comprendre. Nous avons la chance de nous trouver à Londres, où de nombreuses entreprises sociales se développent depuis plusieurs années pour compenser la baisse des services publics. Pendant six mois, nous multiplions les rencontres avec des entrepreneurs sociaux et des acteurs qui gravitent autour d'eux – consultants, investisseurs, réseaux, *think tanks* – pour comprendre comment, à notre échelle, nous pourrions intelligemment apprendre et contribuer au développement de ce mouvement.

Le projet se précise : nous avons envie de travailler au quotidien auprès d'entrepreneurs sociaux. Nous ne souhaitons pas simplement être commentateurs de leurs solutions, mais acteurs et contributeurs. Plutôt que de rencontrer un grand nombre d'entrepreneurs sociaux sur de courts laps de temps, nous décidons de limiter le projet à trois missions de trois mois dans trois pays, dans le but de mieux comprendre les motivations, les joies et les difficultés de ces entrepreneurs. Nous souhaitons aussi nous rapprocher de ceux qui travaillent avec les entrepreneurs sociaux, pour avoir à la fois une connaissance du terrain et une vision d'ensemble.

Notre deuxième année à l'ESCP Europe terminée, nous voici de retour en France. Nous planchons tout l'été sur le projet, afin de préciser nos attentes et d'apprendre à travailler ensemble. Matthieu décale le début de son stage à début septembre, Jonas refuse au dernier moment un stage en fusion-acquisition[16] à Londres. Nous souhaitons réaliser une mission-pilote, une sorte de « test grandeur nature » de ce que seront nos missions autour du monde. Nous songeons pendant quelques semaines à la réaliser dans les Balkans… Finalement, nous resterons bien sagement en France pour accompagner un jeune entrepreneur social dans le montage de son *business plan*.

Nous profitons ensuite de nos stages à Paris pour étendre notre réseau dans le monde de l'entrepreneuriat social et pour avancer sur notre préparation. Jonas réalise un premier stage dans un cabinet de conseil en développement durable, Doing Good Doing Well, et un second en microfinance chez BNP Paribas. Matthieu effectue un premier stage en ressources humaines chez Danone, avant de rejoindre danone.communities, un fonds et incubateur d'entreprises sociales. Parallèlement, nous nous retrouvons plusieurs soirs par semaine et presque tous les week-ends pour identifier les entrepreneurs sociaux avec lesquels nous aimerions travailler, et pour chercher des financements. Nous écrivons des articles et réalisons des vidéos que nous publions sur notre blog, afin de commencer à promouvoir l'entrepreneuriat social autour de nous.

En novembre 2011, nous participons au sommet mondial du *social business*, le Global Social Business Summit, à Vienne. Cette expérience est une immersion totale, au contact d'entrepreneurs et de dirigeants de grandes entreprises qui cherchent à repenser leurs responsabilités envers

16 - La fusion-acquisition concerne les opérations financières liées aux rachats d'entreprises ou de filiales par d'autres entreprises.

la société. Nous nouons des relations avec des organisations qui deviendront des partenaires et des soutiens quelques mois plus tard. Nous avons même l'honneur de discuter quelques instants avec le professeur Yunus, prix Nobel de la paix 2006, inventeur du microcrédit et du concept de *social business*... Destination Changemakers est vraiment lancé !

Qu'est-ce que le projet Destination Changemakers ?

Après un an et demi de préparation de notre projet, à Londres, Paris et Vienne, nous choisissons de réaliser trois missions avec trois entrepreneurs sociaux très différents. Le fil rouge du projet est donc la diversité. Diversité des pays, des secteurs d'activité, des tailles d'entreprises, des modèles économiques et des profils d'entrepreneurs. Mais avec une constante : vivre au plus proche de la réalité du terrain. Nous n'avons pas de préférence géographique. Nous choisissons d'aller là où nous sentons que nous sommes attendus et de sélectionner des entrepreneurs dont les idées nous séduisent.

De septembre à décembre 2012, nous réalisons notre première mission aux Philippines avec Gawad Kalinga, la plus grande ONG des Philippines, qui a construit en dix ans plus de 2 000 villages pour les plus démunis. Cette ONG incube parallèlement de nombreuses entreprises sociales qui ont pour vocation de contribuer au développement économique de ces villages. Lors de nos trois mois, nous initions un partenariat avec Schneider Electric, le *leader* mondial du management de l'énergie, pour mettre en place un programme d'accès à l'énergie durable dans les villages de l'ONG, sur un modèle d'entrepreneuriat social.

En Inde, de janvier à mars 2013, nous travaillons avec une start-up sociale, I Say Organic, dans le secteur de l'agriculture biologique. Créée par un jeune entrepreneur de 28 ans, cette entreprise sociale distribue directement aux consommateurs des fruits et légumes biologiques achetés à un prix équitable à des petits producteurs. Nous planchons sur la stratégie de développement de la start-up et sur une première mesure de son impact social.

Enfin, d'avril à juin 2013, au Sénégal, nous nous intéressons à deux projets soutenus par danone.communities : la Laiterie du Berger et Lemateki. La Laiterie du Berger est une entreprise laitière de taille moyenne, qui développe une filière laitière locale au Sénégal, pour permettre aux éleveurs de bénéficier de sources de revenus réguliers. Nous nous penchons sur sa stratégie de communication, en créant notamment son site internet et en réalisant des vidéos de promotion. Lemateki est un projet de lutte contre la malnutrition infantile via la distribution de yaourts renforcés en nutriments dans les écoles de la région de Dakar. Nous développons des supports de communication et recherchons des financements pour pérenniser l'activité.

Comment le projet a-t-il été financé ?

Nous nous sommes vite rendu compte que notre projet, entre voyage, projet humanitaire, et création d'entreprise, était hybride, ce qui avait des avantages – pouvoir multiplier les participations à des concours touchant à ces thématiques –, mais surtout un inconvénient de taille : celui de ne jamais entrer entièrement dans les critères de sélection.

Nous avons donc frappé à plus d'une centaine de portes : entreprises, fondations, concours, subventions, etc. Souvent, nous n'avons pas reçu de réponse. Certaines organisations ont accepté de nous recevoir. Et quelques-unes ont cru en nous et en notre projet. Nous tenons à remercier chaleureusement tous ceux qui nous ont soutenus et ont rendu possible ce projet : danone.communities, Europ assistance, Doing Good Doing Well, Étudiants & Développement (prix de l'Initiative pour l'éducation au développement), et la Fondation Masalina.

Pour boucler notre financement, nous avons également lancé, quelques mois avant notre départ, la « tombola des voyageurs du changement », en partenariat avec la plateforme de financement participatif Ulule. Le premier prix était peu commun : nous avons offert un billet d'avion aller-retour au gagnant pour nous rejoindre sur une de nos missions. C'est ainsi que Mélanie Verdier, vainqueur de la tombola, nous a accompagnés pendant une semaine au Sénégal. Encore un grand merci aux 171 participants !

Avec un peu de créativité, une dose de culot et beaucoup de détermination, nous avons réussi à financer le projet en intégralité.

Pourquoi un livre ?

Nous avons tous les deux découvert le monde de l'entrepreneuriat social à l'âge de 20 ans grâce à deux lectures, *Vers un nouveau capitalisme*[17], de Muhammad Yunus, et *80 hommes*

17 - Muhammad Yunus, *Vers un nouveau capitalisme*, éditions JC Lattès, 2008.

pour changer le monde[18], de Sylvain Darnil et Mathieu Le Roux. Ces lectures ont changé notre façon de concevoir notre parcours professionnel et notre vie. Et de nombreuses questions se sont mises à nous trotter dans la tête : les modèles d'entreprises alternatives marchent-ils vraiment ? Une entreprise peut-elle à la fois avoir un impact social et faire des profits ? On parle de plus en plus d'entrepreneuriat social ou de *social business,* mais est-ce une tendance de fond ou une mode éphémère ? Faut-il apprendre les rouages de l'entreprise classique avant de se lancer dans l'aventure de l'entrepreneuriat social ? Où faut-il agir pour se sentir utile ? Comment concevoir sa carrière professionnelle pour maximiser, individuellement, son impact sur la société ? Et d'ailleurs, peut-on vraiment, en tant que jeune, agir sur la société ?

Nous sommes convaincus que ces questions sont celles d'une génération en quête de sens, de performance et d'indépendance. Notre livre apporte des éléments de réponse, fruits de nos rencontres avec des entrepreneurs sociaux et de notre collaboration avec différents départements « engagés » de grandes entreprises – Danone et danone.communities, Schneider Electric et BNP Paribas. Bien évidemment, nous ne prétendons pas être en mesure de donner des réponses exhaustives à ces questions complexes. Nous cherchons davantage à fournir des exemples concrets d'entrepreneurs qui innovent pour la société afin de montrer que nous pouvons tous devenir acteurs de changement.

Si de nombreux jeunes questionnent les modèles économiques dominants, encore peu d'entre eux passent à l'action. Nous souhaitons par ce livre les inciter à le faire.

18 - Sylvain Darnil, Mathieu Le Roux, *op. cit.*

CHAPITRE 1

POURQUOI AGIR ?

« On ne change pas les choses en s'opposant à la réalité en place. Pour changer quelque chose, il faut construire un nouveau modèle qui rende l'existant obsolète[19]. »

Richard Buckminster Fuller

Ce n'est pas tout de vouloir le changement : il faut savoir ce que l'on veut changer et pourquoi.

Durant les trois dernières années, nous avons observé le monde autour de nous afin d'essayer de mieux comprendre les aberrations profondes et les magnifiques lueurs d'espoir qu'il recèle. De nos voyages et rencontres est née une certitude : il est nécessaire d'agir maintenant car jamais nous n'avons été plus à même de résoudre les principaux problèmes de l'humanité.

19 - « *You never change things by fighting the existing reality. To change something, build a new model that makes the existing model obsolete* », Richard Buckminster Fuller. Pour cette citation comme pour les suivantes données en anglais, nous traduisons.

AGIR, PARCE QU'ON LE DOIT

Nous traversons aujourd'hui une crise économique, sociale, environnementale et morale sans précédent. Avant de parler de solutions – ce qui nous intéresse vraiment ! –, reprenons rapidement quelques faits pour tenter d'avoir les idées plus claires sur les crises actuelles. L'idée n'est pas de dresser un panorama exhaustif de l'ensemble des problèmes du monde (ce dont nous ne sommes pas capables) mais de présenter quelques enjeux principaux afin de mieux comprendre les solutions que nous présentons dans les chapitres suivants.

Une crise économique

Comment se fait-il que la maximisation de la « valeur pour l'actionnaire » soit devenue le principal objectif de plusieurs grandes multinationales ?

Pour mieux comprendre le rôle que l'entreprise peut et doit jouer, revenons à ses origines. Le film documentaire *The Corporation*[20], réalisé en 2003, reprend l'histoire des « sociétés anonymes » – *corporations,* en anglais – aux États-Unis. Apparues avec la révolution industrielle, on leur octroie rapidement le statut de « personnes morales ». Initialement conçues pour agir au service du bien public, les SA sont progressivement détournées de cet objectif par la recherche de la maximisation du profit. Selon les auteurs du documentaire, la course au profit devient le principal objectif de ces

20 - Jennifer Abbott, Mark Achbar, *The Corporation*, 2003.

organisations, ce qui provoque plusieurs dérives : intérêts privés placés au-dessus du bien commun, préjudice à la santé d'autrui (produits dangereux et pollution), privatisation des richesses de la planète, création de besoins artificiels, corruption, connivences avec des dictatures… Sacrée ironie que de les appeler « personnes morales » !

Bien sûr, les entreprises ne sont pas toutes mauvaises ; la majorité répondent à des besoins fondamentaux et participent à la création d'emplois : « 95 % des entreprises sont honnêtes. Mais il y a des pommes véreuses », affirmait George W. Bush. Si même George W. Bush le dit… Les réalisateurs du documentaire notent d'ailleurs que les dirigeants de ces entreprises véreuses sont bien souvent des personnes intelligentes, réfléchies, et de haut sens moral dans le privé.

Ce qui est en cause n'est pas l'entreprise elle-même, mais les règles du jeu qu'on lui donne. Ces entreprises donnent trop d'importance à la théorie de la « *shareholder value* », selon laquelle le but d'une entreprise est de maximiser la « valeur pour ses actionnaires », souvent aux dépens de ses autres parties prenantes : employés, fournisseurs, consommateurs, société civile. Jack Welch, ancien PDG de General Electric, pas franchement altermondialiste, s'exprimait en 2009 contre ce dogme, allant jusqu'à déclarer dans le *Financial Times* que « maximiser la valeur des actionnaires est l'idée la plus débile du monde. La valeur des actionnaires est un résultat, pas une stratégie[21] ».

21 - Extrait d'une interview de Jack Welch dans le *Financial Times*, 12 mars 2009.

Comment se fait-il que le travail et l'emploi deviennent des facteurs d'exclusion et d'inégalité ?

Alors que les très hautes rémunérations ont explosé avec la financiarisation de l'économie depuis les années 1980, les rémunérations les moins élevées stagnent et le chômage est en hausse.

Le débat sur l'inégalité ne date pas d'hier : au ve siècle avant notre ère, Platon estimait déjà que « le législateur [devait] établir les limites acceptables à la richesse et à la pauvreté ». Il proposait un rapport de 1 à 4 entre les salaires. Au début du xxe siècle, le banquier John P. Morgan (1837-1913) affirmait qu'un PDG ne devait pas percevoir plus de 20 fois la rémunération moyenne de ses salariés[22]. Dans les faits, c'était le cas à l'époque : le rapport entre le salaire des patrons et ceux des ouvriers était de 20. Dans les années 1930, Henry Ford préconisait lui un écart de 1 à 40.

Ce qui est nouveau, c'est la proportion prise par ces inégalités au cours des dernières années. En 2011, les patrons les mieux rémunérés de France ont touché entre 400 et 1 500 années de SMIC[23]. En 2007, le PDG américain le mieux payé était John Thain, à la tête de la banque d'investissement Merrill Lynch, avec un revenu annuel de 61 millions d'euros, soit l'équivalent de 4 000 années de SMIC français… juste avant que sa banque ne soit rachetée. Le milliardaire américain Warren Buffett déclarait en 2005 – non sans ironie – :

22 - Jean Gadrey, « L'éventail acceptable des revenus : Platon, Georges Marchais, etc. », blog *Alternatives économiques*, 17 novembre 2008.
23 - Observatoire des inégalités, 2012.

« Il y a bien une lutte des classes, et cette guerre, c'est ma classe, la classe des plus riches, qui est en train de la gagner[24]. »

Comment est-on arrivé à cette démesure, alors que dans le même temps, le chômage atteint des niveaux records en Europe ? Dans la zone euro, 12 % des travailleurs sont sans emploi. Les jeunes sont les plus durement touchés, avec un taux de chômage moyen de 23 % chez les moins de 25 ans. Ce taux atteint 58 % en Grèce et 56 % en Espagne[25] : des « niveaux sans précédent », selon l'Organisation de coopération et de développement économiques (OCDE). Certains parlent de génération perdue.

Le capitalisme, dans sa forme actuelle, ne semble plus capable d'assurer le plein emploi, ce qui a des répercussions sociales très importantes. Nous observons actuellement une précarisation croissante, étroitement liée à l'augmentation du chômage. Celui-ci constitue en effet l'antichambre de l'exclusion : 46 % des personnes au chômage en Europe se retrouvent sous le seuil de pauvreté[26].

Ainsi, les conséquences sociales de la crise économique et financière sont particulièrement préoccupantes, alors même que nous n'avons jamais été aussi riches en valeur absolue.

24 - Cité dans « Warren Buffett a-t-il raison quand il affirme que la lutte des classes existe et que ce sont les riches qui sont en train de la gagner ? », Atlantico.fr, 31 décembre 2012.

25 - Eurostat, chiffres de juin 2013.

26 - Étude Ashoka-Accenture, *Business & Impact*, 2013.

Une crise sociale

Comment se fait-il que nous n'ayons jamais été aussi riches à l'échelle du monde, mais qu'une partie importante de la population mondiale vive encore en situation de pauvreté ?

Il faut le reconnaître : la croissance économique a eu pour conséquence une forte réduction de l'extrême pauvreté. L'économiste Nicolas Bouzou nous le rappelle dans son livre *On entend l'arbre tomber mais pas la forêt pousser : croire en l'économie de demain* : « Clairement, la croissance économique, d'autant qu'elle est plus forte dans les pays où les revenus sont les plus bas, fait reculer la pauvreté extrême. 1,3 milliard de personnes vivent aujourd'hui en deçà du seuil d'extrême pauvreté. Elles étaient 1,7 milliard à la fin des années 1990, alors que la population a beaucoup augmenté depuis. Ainsi, l'évolution du taux de pauvreté est encore plus spectaculaire : de 52 % en 1981 à 34 % en 1999, puis 22 % en 2008. Sans surprise, c'est là où la croissance est la plus forte que la pauvreté a le plus reflué. Ainsi, le taux d'extrême pauvreté est passé de 77 % en 1981 en Asie de l'Est à 14 % aujourd'hui. En Chine, pendant la même période, il a chuté de 84 à 13 %[27]. » Une croissance économique forte et durable permet un enrichissement de tous, même si les classes supérieures s'enrichissent proportionnellement davantage que les plus pauvres.

27 - Nicolas Bouzou, *On entend l'arbre tomber mais pas la forêt pousser : croire en l'économie de demain*, éditions JC Lattès, 2013.

Comment mesure-t-on la pauvreté ?

La pauvreté correspond à une situation de privation : est pauvre celui qui ne dispose pas des ressources suffisantes pour vivre dignement dans une société et son contexte. Plus précisément, un individu est considéré comme pauvre lorsque son niveau de vie est inférieur au seuil de pauvreté. Celui-ci varie selon les pays :

· Dans les pays du Sud, on mesure la pauvreté absolue, situation de privation de biens de première nécessité. La Banque mondiale a fixé ce seuil de pauvreté extrême à 1,25 dollar par jour.

· Dans les pays du Nord, on mesure la pauvreté relative, qui s'établit par comparaison avec le niveau de vie moyen du pays dans lequel on se trouve. Par exemple, en France (selon l'INSEE) et en Europe (selon Eurostat), le seuil de pauvreté est fixé à 60 % du revenu médian national. Les personnes en dessous de ce seuil ne sont pas nécessairement en situation de grande privation matérielle, mais elles luttent pour participer aux activités économiques, sociales et culturelles courantes.

En réalité, la pauvreté « est bien plus complexe que la pauvreté matérielle. C'est une condition d'esprit, un manque de réseaux, d'opportunités, une exclusion sociale », explique l'ONG Caritas.

Pour bien comprendre la situation actuelle, essayons de prendre une photo du monde tel qu'il est aujourd'hui, en fonction de la répartition des richesses. Dans son ouvrage *Fin de l'Occident, naissance du monde,* Hervé Kempf[28] distingue cinq grandes catégories :

- **La classe des personnes extrêmement riches** (moins de 1 % de la population mondiale), formant une oligarchie de plus en plus internationalisée, regroupant l'élite économique de chaque pays ;

- **La classe moyenne supérieure** (10 à 15 % de la population mondiale), presque exclusivement dans les pays riches ;

- **La classe moyenne** (25 % de la population mondiale), aujourd'hui à moitié dans les pays du Nord et à moitié dans les pays du Sud ;

- **Les pauvres** (45 % de la population mondiale), presque exclusivement dans les pays du Sud, mais incluant aussi une frange de la population des pays riches ;

- **Les misérables** (15 % de la population mondiale), uniquement dans les pays du Sud.

L'enrichissement matériel n'a pas touché tout le monde. La pauvreté est encore très présente dans les pays en voie de développement (PED) et dans les pays les moins avancés (PMA).

28 - Hervé Kempf, *Fin de l'Occident, naissance du monde*, éditions du Seuil, 2013.

Notons également que les situations de pauvreté ne concernent pas seulement les pays du Sud. Peu armés face à la concurrence internationale, les travailleurs les moins formés et les foyers les plus modestes des pays développés sont les premiers à pâtir de la crise. On observe en effet un phénomène de précarisation depuis quelques années dans les pays du Nord :

- **Aux États-Unis,** près de 46 millions de personnes, soit 1 Américain sur 6, vivaient en 2011 grâce à des bons alimentaires[29] ;

- **En Europe,** une étude portant sur 7 pays (France, Belgique, Allemagne, Irlande, Espagne, Royaume-Uni, Pologne) montre que 50 millions de personnes (soit 1 habitant sur 6) vivent dans la pauvreté et ont des besoins primaires – logement, alimentation, santé, éducation – non satisfaits[30] ;

- **En France,** on compte 3,5 millions de ménages, soit environ 8 millions de personnes, vivant sous le seuil de pauvreté. Plus frappant encore : en 2010, 60 % des Français ont différé ou renoncé à des soins de santé pour des raisons économiques[31].

Le capitalisme, dans sa forme actuelle, ne permettra pas d'éradiquer la pauvreté tant que les entreprises créeront de l'exclusion à mesure qu'elles créent de la richesse,

29 - Source : ministère de l'Agriculture des États-Unis.
30 - Étude Ashoka-Accenture, *Business & Impact*, 2013.
31 - *Ibid.*

comme le souligne Martin Hirsch, ancien président de l'Agence du service civique[32].

Le défi de l'humanité est aujourd'hui d'inventer un modèle qui permette d'éradiquer la pauvreté, tout en tenant compte des limites de la planète : la contrainte écologique doit, en effet, être prise en compte, car elle est étroitement corrélée à ces deux premières crises.

Une crise environnementale

« Nous n'héritons pas de la Terre de nos ancêtres, nous l'empruntons à nos enfants. »

Antoine de Saint-Exupéry

Les Français se souviennent très probablement de cette intervention de Jacques Chirac – alors président de la République française – au Sommet de la Terre de Johannesburg, en 2002 : « Notre maison brûle et nous regardons ailleurs. La nature, mutilée, surexploitée, ne parvient plus à se reconstituer, et nous refusons de l'admettre. L'humanité souffre. Elle souffre de mal-développement, au Nord comme au Sud, et nous sommes indifférents. La Terre et l'humanité sont en péril, et nous en sommes tous responsables. » Si ce Sommet de la Terre n'est pas resté dans l'histoire, cette phrase résume bien les enjeux écologiques : l'homme est à l'origine d'un désastre écologique mais préfère ignorer les questions qui fâchent. Victor Hugo écrivait

32 - En novembre 2013, Martin Hirsch a été nommé directeur général de l'Assistance publique – Hôpitaux de Paris.

déjà au XIXe siècle : « C'est une triste chose de songer que la nature parle et que le genre humain n'écoute pas. »

Depuis la révolution industrielle, l'homme entretient avec la nature une relation d'exploitation : ce n'est pas un hasard si l'on parle d'« extraction de pétrole » ou d'« exploitation minière » ! L'économiste britannique John Maynard Keynes écrivait en 1933 : « Nous détruisons la beauté de la campagne, parce que les splendeurs d'une nature qui n'appartient à personne n'ont aucune valeur économique. Nous sommes capables d'éteindre le soleil et les étoiles parce qu'ils ne rapportent aucun dividende[33]. »

Nous devons prendre conscience de notre interdépendance avec la nature, et nous devons agir en conséquence.

Tout d'abord, il est nécessaire de composer avec un monde aux ressources limitées. Notre modèle économique dépend encore beaucoup trop des énergies non renouvelables (charbon, pétrole, gaz naturel) et insuffisamment des énergies renouvelables (solaire, éolien, hydraulique). Alors que des experts de la question multiplient les études pour savoir si nous avons déjà atteint ou non le « pic pétrolier » – le moment où la production mondiale de pétrole plafonnera avant de commencer à décliner du fait de l'épuisement des réserves de pétrole exploitables –, une chose est sûre : l'énergie fossile coûtera de plus en plus cher dans les prochaines décennies, avant de s'épuiser complètement. Certes, de nouvelles technologies permettent d'atteindre de nouveaux gisements, mais elles ne permettront que de vider les réserves plus vite.

33 - John Maynard Keynes, « National Self-Sufficiency », *The Yale Review*, vol. 22, n°4, juin 1933.

Ensuite, il faut lutter contre le dérèglement de la nature. Le réchauffement climatique, conséquence de l'activité de l'homme, est une réalité que l'on ne peut plus nier. Ses effets sont concrets sur notre santé et notre qualité de vie : augmentation de la violence des cyclones, typhons, ouragans, tempêtes et inondations, provoquant des dommages humains et matériels graves ; augmentation de la fréquence des vagues de chaleur, entraînant un accroissement des crises alimentaires ; baisse des ressources en eau potable ; extension du désert ; recrudescence de maladies infectieuses ; déplacements massifs de population ; bouleversement des écosystèmes naturels, avec, pour conséquence, une perte de biodiversité, pourtant nécessaire à la survie de l'homme sur la Terre…

Selon un rapport du Forum humanitaire mondial publié en 2009 et présenté par Kofi Annan, ancien secrétaire général des Nations unies, le réchauffement climatique tue 300 000 personnes par an. Tout le monde s'accorde aujourd'hui sur l'urgence de la lutte contre ce phénomène. La Banque mondiale en a même fait sa priorité en 2013 !

Malheureusement, deux phénomènes freinent les progrès en la matière :

- **D'abord, l'aspiration légitime des habitants des pays du Sud à vivre mieux.** Parler de décroissance dans les pays émergents est totalement déplacé. Rappelons que les pays développés sont responsables de 50 % des gaz à effet de serre de la planète, alors qu'ils représentent un septième de la population mondiale. Pourtant, si les pays émergents suivent le modèle de développement des pays les plus riches, la planète ne le supportera pas…

• **Ensuite, la population mondiale est aujourd'hui composée de 7 milliards d'habitants.** Nous serons plus de 9 milliards en 2050, et 98 % de cette augmentation de population aura lieu dans le monde en développement… ce phénomène renforçant l'effet du précédent !

À trop industrialiser le monde, nous en avons oublié le sens des priorités. Pas une semaine ne se passe sans qu'une étude montre que des produits que nous consommons quotidiennement contiennent des produits chimiques néfastes à notre santé à long terme.

Cependant, les pistes pour retrouver une relation symbiotique avec la nature existent, et nous les connaissons : développer les énergies renouvelables, passer d'une agriculture intensive à une agriculture raisonnée, développer les circuits courts, lutter contre l'obsolescence programmée, traquer les gaspillages, développer une économie circulaire en intensifiant le recyclage et en donnant une seconde vie aux déchets industriels, développer une économie de fonctionnalité en préférant l'usage à la propriété, etc.

Il est temps maintenant d'agir, avant qu'il ne soit trop tard ! « Quand le dernier arbre aura été abattu, quand la dernière rivière aura été empoisonnée, quand le dernier poisson aura été péché, alors l'homme s'apercevra que l'argent ne se mange pas », nous disait déjà Géronimo, guerrier apache du XIXe siècle.

Une crise de valeurs

Ces trois crises – économique, sociale et environnementale – sont très probablement corrélées à une quatrième, plus profonde : une crise de valeurs, une crise morale, une crise de sens.

Revenons un instant aux origines de l'économie et du management. Savez-vous d'où vient le mot « économie » ? Étymologiquement, il est composé de deux mots grecs, *oikos*, la maison, la propriété, les ressources que l'on détient ; et *nomos*, l'usage, la règle de conduite, l'allocation. Le mot *œconomie* était défini au XVIIe siècle comme le « mesnagement prudent qu'on fait de son bien, ou de celuy d'autruy[34] ». Avec le temps, la gestion de la maison s'est étendue à la gestion d'un pays.

Et le mot « management » ? Il remonte au Moyen Âge. À l'époque, l'utilisation des richesses naturelles était largement contrainte par l'insuffisance des moyens techniques. Le « ménagement », l'ancêtre du management, était la pratique de préservation des ressources, en fonction des cycles de reproduction biologique[35].

Où sont passées ces valeurs, d'utilisation durable des ressources et de respect du temps long ? Sans aller jusqu'à dire que ces valeurs ont disparu aujourd'hui, on peut néanmoins se poser deux questions principales sur l'évolution de nos économies et sociétés modernes.

34 - Dictionnaire universel de Furetière, 1690.

35 - Jean-Pierre Nicol,« Naissance et formation du concept de développement durable : une approche historique », *Encyclopédie du développement durable*, 2007.

Comment se fait-il que, collectivement, notre principal but soit devenu de produire plus, toujours plus ?

La croissance économique est présentée par la grande majorité des journalistes, personnalités politiques et économistes, comme le remède à tous nos problèmes.

La croissance économique, un indicateur de richesse imparfait

La croissance économique correspond à l'augmentation du produit intérieur brut (PIB) d'une année sur l'autre, autrement dit à l'augmentation de la valeur de l'ensemble des biens et services produits dans un pays donné, au cours d'une période donnée.

Tous les experts s'accordent pour dire que le PIB mesure imparfaitement la richesse produite sur un territoire :

- D'un côté, il comptabilise positivement des activités dites « négatives » comme le fait de produire une bombe, de la lancer sur une ville et de reconstruire les habitations ravagées, ou le fait de nettoyer une plage après une marée noire ;

- D'un autre côté, il ne prend pas en compte dans son calcul certaines activités dites « positives » comme les activités non marchandes, altruistes, bénévoles ou encore la production domestique assurée au quotidien au sein de la famille ;

· Enfin, le PIB ne prend pas en compte la consommation de capital naturel, c'est-à-dire les services que nous rend « gratuitement » la nature lorsque nous consommons de l'eau, de l'air pur, etc.

L'utilisation du PIB paraît inappropriée aujourd'hui pour faire face aux grands enjeux de notre époque. En effet, il ne nous dit pas grand-chose du bien-être des populations, et rien des inégalités ou du respect de l'environnement : cela fait beaucoup d'angles morts pour l'indicateur le plus usité aujourd'hui. Pire, on se rend compte qu'à partir d'un certain seuil, un PIB plus élevé peut même avoir des conséquences négatives sur le bien-être, comme le constate l'OCDE dans sa très sérieuse publication *Objectif croissance* : « On ne peut exclure qu'un surcroît de PIB par habitant, à partir d'un niveau déjà élevé, ait un effet décroissant sur le bien-être[36]. » De plus, la relation entre croissance économique et emploi n'est ni directe ni constante dans le temps : plus de PIB n'implique pas systématique une baisse du chômage.

Les outils – indicateur de développement humain, bonheur intérieur brut – et les rapports, écrits par d'éminents experts comme Patrick Viveret[37], Joseph Stiglitz, Amartya Sen et Jean-Paul Fitoussi[38], se multiplient pour proposer des mesures alternatives de richesse, mais dans les faits, c'est

36 - Jean-Philippe Cotis, *Objectif croissance*, chapitre 6, OCDE, 2006.
37 - Patrick Viveret, *Reconsidérer la richesse*, La Documentation française, 2002. Ce rapport est disponible à l'adresse suivante : www.ladocumentationfrancaise.fr/var/storage/rapports-publics/024000191/0000.pdf.
38 - Joseph Stiglitz, Amartya Sen et Jean-Paul Fitoussi, *Rapport de la commission sur la mesure des performances économiques et du progrès social*, 2009.

encore aujourd'hui le sacro-saint PIB qui influence les politiques publiques censées refléter notre idéal collectif.

Attention : le problème n'est pas la croissance ! La vraie question est de savoir quelle croissance nous voulons. Une amélioration de la cohésion sociale et un surcroît de confort matériel pour ceux qui en ont besoin, ou une augmentation du nombre de biens produits à la fin de l'année ?

Nous regardons l'économie avec les mauvaises lunettes. Il est temps d'en changer, pour reconsidérer notre vision du progrès. Faire du PIB notre veau d'or[39], c'est fausser notre mesure de la réussite, essentiellement focalisée sur la richesse matérielle et monétaire : croissance de la production pour les pays, chiffre d'affaires et bénéfices pour les entreprises, niveau de rémunération pour les individus.

Comment se fait-il qu'individuellement, l' « avoir » et le « paraître » prennent trop souvent le pas sur l' « être » ?

À son origine, l'argent avait pour mission de favoriser l'échange. En quelques millénaires, il est devenu la mesure de tout, et parfois même, une valeur en soi. Bienvenue au royaume de l'argent roi.

Notre société valorise aujourd'hui avant tout la réussite matérielle et l'argent, l'apparence et le physique, l'ego et l'individualisme. Les exemples ne manquent pas. La plupart des médias mettent avant tout en lumière les stars du « showbiz » : *top models*, vedettes de la télé-réalité, acteurs, chanteurs ou encore sportifs. Les classements des grandes écoles et universités prennent trop souvent comme critère premier le salaire moyen des étudiants à la sortie. Mais

39 - Dominique Méda, *Qu'est-ce que la richesse ?*, Flammarion, 1999.

pourquoi pas le nombre d'entreprises et d'emplois créés, l'utilité sociale de leurs activités, le nombre d'inventions faisant avancer l'humanité ? Bien sûr, c'est plus difficile à mesurer, mais il est essentiel de nous reposer les questions des critères de réussite collectifs et individuels !

Pierre Rabhi, paysan et philosophe français, fervent apôtre d'une « sobriété heureuse », est lucide : « Quel est le problème du monde ? Notre insatiabilité. Et qu'est-ce qu'on a fait de l'être humain ? Un être insatiable. On ne met jamais en évidence ce que l'on a, ce qui peut déjà nous réjouir. On ne parle jamais de ce dont on a vraiment besoin. J'ai besoin d'être nourri, j'ai besoin d'être vêtu, j'ai besoin d'être abrité et j'ai besoin d'être soigné. Tous ces éléments-là doivent être partagés avec l'ensemble du genre humain. Tout le monde doit, légitimement, bénéficier de ça. Après, que reste-t-il ? Il reste ce qu'on appelle le superflu. Et aujourd'hui, le superflu est sans limites alors que l'on ne parvient pas à assurer l'indispensable... Il paraît que le marché du luxe ne connaît pas de crise. Par contre, on n'a plus d'argent pour ce qui est indispensable, pour nourrir des enfants qui viennent au monde, pour les aider à survivre et à créer une société conviviale et belle[40]. »

Serons-nous capables de mettre un terme à cette course au « toujours plus », de redéfinir le succès et le progrès à l'échelle nationale, à l'échelle de l'entreprise, et à l'échelle de l'individu ?

Tout modèle de société doit trouver sa prospérité dans l'équilibre des trois dimensions économique, sociale et environnementale. Aujourd'hui, les règles du jeu sont les suivantes : maximiser la dimension économique, en essayant

40 - Extrait d'une interview de Pierre Rabhi dans le magazine *Reporterre*, 2 mars 2013.

de ne pas trop nuire aux deux suivantes pour permettre à ce système de se perpétuer. Ce modèle n'est pas viable : il faut désormais utiliser la dimension économique pour maximiser la valeur sociale et environnementale. L'enjeu est simple : il s'agit de remettre l'économie au service de ce qui compte vraiment.

AGIR, POUR CRÉER LE MONDE QUE NOUS VOULONS VRAIMENT

Après « pourquoi agir ? », « pour quoi agir ? » : quel monde voulons-nous pour demain ? Cette question peut paraître évidente, mais elle est essentielle.

Concrètement, nous aspirons – certainement vous aussi – à un monde :

- **Où les ressources, les talents et les énergies** sont mobilisés pour permettre à tous d'accéder à l'essentiel ;

- **Où les entreprises, les pouvoirs publics et la société civile** inventent ensemble des solutions aux problèmes urgents de notre monde, à travers des collaborations inédites ;

- **Où les actions** sont évaluées grâce à de nouveaux indicateurs de richesse, privilégiant le bien-être et le respect de l'environnement ;

- **Où les entreprises** cherchent à allier innovation et impact social, en plus de leur exigence de viabilité financière ;

- **Où tous les déchets** deviennent des ressources pour d'autres productions et sont recyclés à l'infini, permettant une véritable économie circulaire ;

- **Où l'agriculture** permet à tous de s'alimenter et d'être en bonne santé, tout en respectant notre environnement et les producteurs ;

• **Où les énergies** sont propres, sûres, renouvelables, et accessibles à tous ;

• **Où la finance** retrouve sa mission première de financement de l'économie réelle, permettant la création de nombreux emplois ;

• **Où l'économie** ne laisse plus les plus fragiles sur le bord de la route et où chaque travailleur vit dignement de son travail[41].

En d'autres termes, nous aspirons à un développement durable tel qu'il a été défini en 1987 par le rapport *Notre avenir à tous* (ou rapport Brundtland[42]) : « Le développement durable est un développement qui répond aux besoins du présent sans compromettre la capacité des générations futures de répondre aux leurs. »

Voyons ces immenses défis comme de magnifiques opportunités de créer le monde que nous voulons vraiment. Rappelons-nous qu'en chinois, le mot « crise » est composé de deux idéogrammes : *Wei*, le danger, et *Ji*, l'opportunité…

La mauvaise nouvelle, c'est que c'est urgent. La bonne nouvelle, c'est que c'est possible. Nous avons probablement déjà une grande partie des connaissances, technologies, compétences et ressources financières pour atteindre ce monde plus désirable.

41 - Inspiré du « Manifeste pour demain », rédigé par François Siegel et publié sur www.wedemain.fr.
42 - Rapport réalisé par la Commission mondiale sur l'environnement et le développement.

AGIR, PARCE QUE C'EST POSSIBLE

De nombreuses solutions émergent aux quatre coins du monde, mais elles sont encore méconnues. Il faut accélérer leur développement et leur permettre de changer d'échelle. Les entreprises, qui font partie du problème, doivent aussi faire partie de la solution.

La réponse ne peut pas être uniquement politique

Pendant longtemps, la question d'inventer un capitalisme plus durable a été prise en charge par les États, puis les organisations supranationales qu'ils ont créées. Cette approche « *top-down* » (« qui vient du haut ») a montré ses limites depuis une vingtaine d'années. Bien qu'absolument nécessaire, l'action politique paraît aujourd'hui être dans une impasse.

Depuis 1972, l'ONU organise tous les dix ans un Sommet de la Terre, réunissant les principaux dirigeants mondiaux, dans le but de définir les moyens de stimuler le développement durable au niveau mondial. Un discours est particulièrement resté dans les mémoires : celui de Severn Suzuki, une jeune Canadienne de 12 ans, au Sommet de la Terre de 1992 à Rio de Janeiro. En 4 minutes, elle met les dirigeants du monde devant leurs responsabilités, et émeut toute la planète – la vidéo a été vue plus de 26 millions de fois sur Youtube :

> « En venant ici aujourd'hui, je n'ai pas besoin de déguiser mon objectif : je me bats pour mon futur. Perdre mon futur n'est pas comme perdre des élections ou quelques points à la bourse. Je suis venue ici pour parler au nom de toutes les générations futures. [...]

Je ne suis qu'une enfant et je n'ai pas toutes les solutions mais je voudrais que vous compreniez que vous non plus ! Vous ne savez pas combler les trous dans la couche d'ozone. Vous ne savez pas comment ramener le saumon dans les eaux polluées. Vous ne savez pas comment faire revenir un animal disparu. Et vous ne pouvez pas non plus faire revenir les forêts qui jadis se trouvaient là où aujourd'hui est le désert.

Si vous ne savez donc pas comment réparer tout ça, alors, s'il vous plaît, arrêtez de tout détruire !

À l'école, oui même à la maternelle, vous nous enseignez de nous comporter correctement dans le monde : ne pas se disputer avec les autres, travailler dur, respecter les autres, ne pas martyriser d'autres êtres vivants, ne pas être ni avide et ni avare... mais alors pourquoi faites-vous exactement ce que vous nous interdisez de faire ? [...]

Je vous en supplie : s'il vous plaît, conformez vos actes à vos paroles ! »

Il faut le reconnaître, certains de ces grands rassemblements ont marqué l'histoire et ont débouché sur des initiatives inédites. Pour les questions environnementales, on peut citer le protocole de Kyoto signé en 1997 comme tentative de limitation des émissions de gaz à effet de serre à l'échelle mondiale.

Concernant les enjeux sociaux, évoquons les *Objectifs du millénaire pour le développement* (OMD), programme international d'action le plus ambitieux de l'histoire en matière de lutte contre la pauvreté, approuvé en 2000 par tous les pays du monde. Certaines avancées sont très positives (réduction de l'extrême pauvreté de moitié entre 1990 et 2010, meilleur accès à l'eau potable, progrès remarquables dans la lutte contre le paludisme et la tuberculose, etc.), d'autres sont plus poussives (accès à l'éducation pour tous, égalité des sexes) tandis que sur d'autres sujets, comme la préservation de l'environnement, on assiste plutôt à un recul[43].

Les 8 Objectifs du millénaire pour le développement (OMD), à échelle 2015 :

1. Éliminer l'extrême pauvreté et la faim ;
2. Assurer l'éducation primaire pour tous ;
3. Promouvoir l'égalité des sexes et l'autonomisation des femmes ;
4. Réduire la mortalité des enfants de moins de 5 ans ;
5. Améliorer la santé maternelle ;
6. Combattre le VIH/sida, le paludisme et d'autres maladies ;
7. Préserver l'environnement ;
8. Mettre en place un partenariat mondial pour le développement.

Malheureusement, les rassemblements récents ont été marqués par l'immobilisme politique. Le dernier Sommet de la Terre, Rio+20, organisé à Rio de Janeiro en 2012, illustre l'impasse dans laquelle nous nous trouvons actuellement : le texte final reprend des engagements déjà anciens et esquive soigneusement toutes les questions écologiques fâcheuses. Chacun se renvoie les responsabilités, et rien ne change véritablement.

43 - *Objectifs du millénaire pour le développement*, rapport de 2013, ONU, 2013.

Cet immobilisme à l'échelle supranationale montre une chose : l'action doit descendre d'un cran, et permettre aux acteurs de terrain de jouer pleinement leur rôle dans le développement économique et social.

Le rôle des ONG est essentiel, mais il n'est pas suffisant

Depuis trente ans, le nombre d'organisations non gouvernementales (ONG) a explosé, leur notoriété auprès du grand public et des États s'est fortement accrue, et leurs équipes se sont professionnalisées.

Pourtant, nous pouvons constater deux principales limites à leur action. D'une part, celle-ci est dépendante de financements qu'elle doit mobiliser tous les ans : elle n'est donc pas durable. Certes, de nouveaux philanthropes – comme Bill Gates qui a annoncé en 2006 le legs de 95 % de son immense fortune à sa Fondation Bill & Melinda Gates – apportent de nouvelles sources de financements, mais dans le même temps, les États, en grandes difficultés budgétaires, sont obligés de diminuer leurs subventions. D'autre part, la charité peut créer une forme de dépendance et d'assistanat, entraînant parfois des effets inverses à ceux escomptés, tels que l'autonomie de telle ou telle catégorie de la population. La charité et l'action humanitaire sont absolument essentielles dans les cas d'extrême pauvreté et dans des situations d'urgence humanitaire, il est impossible de le nier. Mais les actions des ONG ne sont pas suffisantes pour en finir avec la pauvreté.

Parallèlement, les entreprises ont de plus en plus d'influence *(« business rules the world »)* et ont un nouveau rôle à jouer

Les multinationales sont devenues extrêmement puissantes ces vingt dernières années. Progressivement, leur puissance rivalise avec celle des États. Le plus gros employeur privé du monde, Wal-Mart, compte plus de 2,1 millions de salariés[44] ! Le monde évolue, et ceux qui peuvent changer le monde aussi. Le politique seul se trouve impuissant. Les actions des ONG ne sont pas durables. Les entreprises, de plus en plus puissantes, ont donc un nouveau rôle à jouer.

Deux tendances se dessinent aujourd'hui : d'une part, la responsabilisation des entreprises traditionnelles, et d'autre part, le développement de formes alternatives d'entreprise. Ces mouvements ne sont pas nouveaux, mais l'importance qu'ils prennent aujourd'hui est inédite.

La responsabilisation des entreprises traditionnelles

De plus en plus d'entreprises commencent à prendre en compte dans leurs objectifs des dimensions sociales et environnementales. Celles-là ont compris que le changement réside aussi dans la manière de « faire du business » et que le faire de manière responsable est dans leur intérêt.

44 - Franck Dedieu et Béatrice Mathieu,
« Ces entreprises plus fortes que les États », *L'Expansion*, 30 avril 2013.

La **responsabilité sociétale des entreprises (RSE)** est la contribution des entreprises aux enjeux du développement durable. La Commission européenne définit la RSE comme le « concept dans lequel les entreprises intègrent les préoccupations sociales, environnementales, et économiques dans leurs activités et dans leurs interactions avec leurs parties prenantes sur une base volontaire ». La démarche consiste, pour les entreprises, à comprendre les impacts sociaux et environnementaux de leurs activités, et à minimiser leurs impacts négatifs.

Dès les années 1970, certaines entreprises s'engagent de manière volontaire dans la RSE. Un des discours précurseurs est celui d'Antoine Riboud, PDG du groupe Danone, aux assises nationales du Conseil national du patronat français (ancêtre du Medef[45]), qui déclare en 1972 devant un parterre de dirigeants de grandes entreprises :

> « Il n'y a qu'une seule Terre. On ne vit qu'une seule fois. [...]
> La croissance économique, l'économie de marché ont transformé le niveau de vie du monde occidental. C'est indiscutable. Mais le résultat est loin d'être parfait. [...]
> D'abord, cette croissance n'a pas été porteuse de "justice" ; trop nombreux sont encore ceux qui se trouvent en dessous d'un seuil acceptable de bien-être, que ce soit dans la cité ou dans l'entreprise. [...]
> Ensuite cette croissance a engendré des nuisances à la fois collectives et individuelles. Elle a souvent sacrifié l'environnement et les conditions de travail

45 - Mouvement des entreprises de France.

> à des critères d'efficacité économique. C'est pourquoi elle est contestée, et parfois rejetée comme finalité de l'ère industrielle. [...]
> Conduisons nos entreprises autant avec le cœur qu'avec la tête, et n'oublions pas que si les ressources d'énergie de la Terre ont des limites, celles de l'homme sont infinies s'il se sent motivé[46]. »

Pratiquement tous les grands groupes mettent aujourd'hui en place des politiques RSE, car être ou paraître « social » et « vert » est devenu une exigence auprès du grand public. Certaines démarches sont mises en place avec conviction, elles sont ambitieuses et ont un réel impact, mais ce n'est pas le cas de toutes... d'où les soupçons – parfois justifiés – de « *social washing* » ou de « *green washing* », en référence aux entreprises qui souhaiteraient ajouter un vernis social ou environnemental à leurs activités, littéralement en les « lavant» avec du « social » ou du « vert ».

Depuis l'an 2000, les entreprises cotées en bourse ont l'obligation légale de publier chaque année un « rapport de développement durable », à côté de leurs traditionnels états financiers. Michael E. Porter et Mark R. Kramer, experts reconnus du management, vont plus loin en suggérant aux entreprises d'intégrer ces questions au cœur de leurs activités, et non plus à leur périphérie. Dans leur article « Creating Shared Value » publié dans la prestigieuse revue *Harvard Business Review* en 2011, ils proposent un nouveau concept, la « ***shared value*** » (ou « valeur partagée »), qui se distingue de la responsabilité sociale. Selon les auteurs, la

46 - Discours prononcé par Antoine Riboud aux assises nationales du CNPF, Marseille, 25 octobre 1972.

compétitivité d'une entreprise et sa création de valeur ne reposent plus uniquement sur ses performances financières, mais aussi sur sa contribution à la société dans son ensemble. En faisant de cette contribution un véritable enjeu stratégique, certaines entreprises y gagnent car leurs employés sont plus motivés, leurs consommateurs plus fidèles, leurs fournisseurs plus solides et la société civile plus bienveillante.

Enfin, un concept venu des pays du Sud bouleverse aujourd'hui la façon dont les grandes entreprises jugent les risques et les opportunités d'un engagement sociétal. En 1999, l'économiste indien Coimbatore Krishnao Prahalad publie l'ouvrage *The Fortune at the Bottom of the Pyramid: Eradicating Poverty Through Profits*[47] et développe la théorie dite du ***bottom of the pyramid (BoP)***. La thèse est simple : les entreprises peuvent faire fortune en adaptant leur offre et leurs réseaux de distribution aux quatre milliards de personnes vivant avec moins de deux dollars par jour, la « base de la pyramide économique ». La réduction de la pauvreté n'est pas le but premier de l'activité, mais la conséquence attendue puisque les populations pauvres auront accès à des biens et services de première nécessité. L'approche reste centrée sur la réalisation de profits, et fait des émules chez de nombreux grands groupes : Unilever, Tata, Essilor, Allianz, Vodafone, Total...

Ainsi, les entreprises ont une responsabilité dans les dérèglements actuels, mais elles ont en même temps des clés uniques pour apporter des solutions novatrices aux problèmes du monde : il faut les aider à opérer ces mutations. Les entreprises dites « traditionnelles » doivent jouer

47 - Coimbatore Khrishnao Prahalad, *The Fortune at the Bottom of the Pyramid: Eradicating Poverty Through Profits*, éditions Prentice Hall, 2004.

pleinement leur rôle, en faisant ce qu'elles savent faire de mieux – créer de la valeur – mais en adaptant leurs objectifs et méthodes de fonctionnement aux nouvelles contraintes de notre monde.

Les entreprises ont beaucoup à gagner de ces évolutions profondes, mais cela requiert un changement de pensée radical : de la contrainte à l'opportunité, de la périphérie au cœur de la stratégie, du court terme au long terme, de la création de besoins superflus à la réponse à des besoins essentiels.

Le développement de formes alternatives d'entreprises

La critique – constructive – du capitalisme ultralibéral ne date pas d'hier. Dès la révolution industrielle, des pionniers ont cherché à inventer de nouvelles formes d'entreprise. Ils ont essayé d'associer les termes « entreprise » et « social », à priori antinomiques. L'entreprise fait référence à ce qui est commercial, ce qui est marchand, au monde des affaires ; on y associe l'efficacité, la performance, la rentabilité, la productivité, le pragmatisme, la rationalisation. Le social renvoie, quant à lui, à l'autre, à l'entraide, au désintéressement, mus par des valeurs de solidarité, d'engagement, de dévouement, de générosité. On accuse souvent l'entreprise de manquer d'éthique tandis que le social, lui, est réputé manquer de professionnalisme… En réunissant ces deux mondes qui s'ignorent ou se craignent trop souvent, ces pionniers ont donné naissance à plusieurs courants qu'il est nécessaire de définir.

L'**économie sociale** est née au XIXe siècle, en réponse aux dérives du capitalisme sauvage. Alors que le pouvoir dans les entreprises capitalistes provient du capital, les entreprises de l'économie sociale cherchent à introduire la démocratie sur le lieu de travail, en séparant pouvoir de décision et détention de capital. On parle ainsi de « sociétés de personnes » – par opposition aux sociétés de capital – pour désigner les entreprises de l'économie sociale qui regroupent les coopératives, les mutuelles, les associations et les fondations. Elles reposent sur trois principes clés : la liberté d'adhésion (tout le monde peut participer), la gestion démocratique (« un homme = une voix ») et la non-lucrativité (aucune redistribution des bénéfices).

L'**économie solidaire** fait son apparition dans les années 1970, dans un contexte de montée du chômage et des exclusions. Elle regroupe les organisations qui développent une activité marchande au service d'une mission sociale ou environnementale, comme le commerce équitable, l'agriculture biologique et les structures d'insertion par l'activité économique. Ici, le statut n'importe pas : l'économie solidaire regroupe à la fois des sociétés de personnes et des sociétés de capitaux (SA, SARL, SAS, EURL…).

Aujourd'hui, ces deux concepts ont été regroupés sous le terme d'**économie sociale et solidaire (ESS)** pour désigner les structures dont la finalité est davantage tournée vers la plus-value sociale ou environnementale que vers la recherche de profit. Bien que relativement méconnue du grand public en France, l'ESS pèse aujourd'hui plus de 10 % du PIB, avec plus de 200 000 structures : les associations, coopératives, mutuelles, fondations et entreprises sociales emploient 2,4 millions de salariés, soit 1 emploi privé sur 8. Sa croissance est élevée, et elle crée beaucoup d'emplois : durant les dix dernières années, l'ESS a généré 440 000 emplois, soit une croissance de 23 % contre 7 % en moyenne dans l'économie française[48]. Elle a désormais un ministre délégué, rattaché au ministère de l'Économie et des Finances : une grande première en France, qui s'accompagne, en 2014, de l'adoption d'une loi-cadre pour structurer et développer davantage le secteur.

La définition de l'**entreprise sociale** est proche de celle des organisations de l'économie solidaire. L'OCDE la définit comme suit : « L'entreprise sociale fait référence à toute activité privée d'intérêt général, organisée à partir d'une démarche entrepreneuriale, et n'ayant pas comme raison principale la maximisation des profits mais la satisfaction de certains objectifs économiques et sociaux, ainsi que la capacité de mettre en place, par la production de biens ou de services, des solutions innovantes aux problèmes d'exclusion et de chômage[49]. » D'origine anglo-saxonne, ce courant de l'entrepreneuriat social met l'accent sur la capacité de certaines personnes à inventer des réponses novatrices à des défis sociaux ou environnementaux, en s'appuyant sur une logique entrepreneuriale. La personnalité de l'entrepreneur et l'inventivité de ses solutions comptent plus que le statut de l'entreprise qu'il crée. Le réseau Ashoka, pionnier, soutient 3 000 entrepreneurs sociaux dans le monde entier.

Un des concepts les plus récents est celui du ***social business***, inventé par le professeur Muhammad Yunus, prix Nobel de la paix en 2006. Dans son livre *Vers un nouveau capitalisme*[50], il définit un *social business* comme une entre-

48 - Chiffres du ministère de l'Économie et des Finances.

49 - Définition de l'entreprise sociale donnée par l'OCDE.

50 - Muhammad Yunus, *op.cit.*

prise qui cherche à répondre à un problème social, en ne réalisant pas de pertes et en ne distribuant pas de dividendes. Plutôt que d'être versés aux actionnaires, les profits réalisés sont réinvestis dans l'entreprise, et consacrés à la mission sociale. Le concept fait des émules chez de nombreuses entreprises françaises, telles que Danone, Veolia, le Crédit agricole, Schneider Electric ou encore Renault.

Les 7 principes du social business, selon Muhammad Yunus :

1. L'objectif de l'entreprise est l'éradication de la pauvreté, ou une autre problématique sociale, telle que l'éducation, la santé, l'accès aux technologies, le respect de l'environnement. L'entreprise ne cherche pas à maximiser ses profits.
2. *Le social business* doit être pérenne économiquement et financièrement.
3. Les investisseurs récupèrent le montant de leur investissement, mais aucun dividende.
4. Lorsque le montant de l'investissement est remboursé, les profits sont réinvestis dans la mission sociale de l'entreprise, afin d'en favoriser l'expansion et d'améliorer ses produits et services.
5. L'entreprise est respectueuse de l'environnement.
6. Les salariés sont payés aux salaires du marché, mais bénéficient de meilleures conditions de travail.
7. Faites-le dans la joie !

Pour résumer, à l'inverse de l'entreprise classique qui cherche à répondre à des besoins rentables dans le but de maximiser ses profits, l'entreprise sociale – sous ses différentes formes – cherche à répondre de manière durable à des besoins non couverts, dans une logique de complémentarité des actions existantes, et grâce à un modèle économique viable.

Synthèse

Malgré les différences de définitions ou de statuts, toutes ces initiatives réunissent des traits communs, et c'est ce qui nous intéresse ici :

· Approche économique : ces initiatives sont privées, inscrites dans le marché ; elles nécessitent une prise de risque ; elles visent à produire des biens ou des services pour répondre à une demande ; elles créent de l'emploi, et ont des exigences élevées de performance comme toute entreprise. Si faire des profits n'est pas l'objectif premier de ces entreprises, être a minima à l'équilibre est nécessaire pour avoir une action pérenne dans le temps. Ces entreprises peuvent faire des profits !

· Finalité sociale et/ou environnementale : dans toutes ces entreprises, la finalité est inversée. La finalité économique est un moyen, au service d'une mission d'intérêt général. Celle-ci peut être la lutte contre l'exclusion (chômage, pauvreté, handicap), l'accès à des biens ou services nécessaires pour tous (alimentation, logement, santé, éducation), la création d'emplois durables et de qualité, la garantie d'un revenu juste aux producteurs, la valorisation d'un territoire, la préservation de l'environnement, etc. Si l'entreprise réalise des profits, elle les réinvestit au service de cette mission d'intérêt général.

· Innovation : ces entreprises développent des produits et des services pour résoudre un problème encore non résolu par le secteur privé classique et le secteur public.

· Logique de coopération : même si ces initiatives évoluent dans un environnement concurrentiel, elles puisent leur force dans la coopération qu'elles initient avec des acteurs publics et privés. Elles cherchent à faire à plusieurs ce que personne ne réussit à faire seul. En général, elles essaient aussi d'aider les acteurs qui veulent « copier » ou « dupliquer » leurs solutions – ce qui permet de toucher un plus grand nombre de bénéficiaires plus rapidement.

· Durabilité des solutions : ces initiatives tendent à dépasser la charité. Le but n'est pas d'assister une population, mais bien de lui donner les moyens de subvenir elle-même à ses besoins de façon pérenne.

· Relocalisation de l'activité économique : ces entreprises cherchent à répondre à des besoins locaux, liés à un territoire. Cet attachement territorial ne les empêche cependant pas de « voir grand » et de répliquer leurs solutions ailleurs lorsque cela est possible.

CONCLUSION

Devant l'ampleur des défis que nous avons à relever, nous pouvons être tentés par le cynisme, qui mène à l'immobilisme.

Pourtant, il semble qu'il n'y ait jamais eu de meilleur moment pour agir :

- Nous vivons à une époque dans laquelle tout peut changer très vite, notamment grâce aux nouvelles technologies : internet peut ainsi diffuser instantanément des innovations dans le monde entier.
- Notre époque se caractérise par la montée des possibilités individuelles. Les pouvoirs publics ne sont plus les seuls dépositaires de l'intérêt général : un nombre croissant d'initiatives citoyennes cherchent à « changer les choses ». Qui va agir en premier : les gouvernements, les entreprises, ou la société civile ? Nous faisons le pari que la société civile et le monde de l'entreprise mèneront cette transformation, notamment grâce au développement de l'entrepreneuriat social. Soutenue par le politique, cette mutation aura un impact mondial.

Le futur appartient à ceux qui ne se résignent pas et décident de faire avancer l'humanité. Pendant trois ans, nous sommes partis à la rencontre de visionnaires en action. Entrepreneurs sociaux, dirigeants éclairés, citoyens engagés, ils et elles sont des pionniers qui s'engagent et utilisent l'entreprise pour être utiles à la société.

Qui sont ces hommes et ces femmes ? Comment ont-ils eu le courage de sortir des sentiers battus ? Quelles sont leurs satisfactions et leurs difficultés au quotidien ? Quels conseils nous ont-ils donnés pour notre avenir professionnel et personnel ? C'est ce que nous allons vous raconter dans les pages qui suivent.

Prêt pour un voyage à la rencontre des entrepreneurs qui changent le monde ? Bienvenue dans un monde où l'impossible est temporaire !

CHAPITRE 2

FAUT-IL CRÉER SON ENTREPRISE OU CHANGER LE SYSTÈME DE L'INTÉRIEUR ?

« L'homme raisonnable s'adapte au monde.
L'homme déraisonnable adapte le monde à lui-même.
C'est pourquoi tous les progrès dans le monde sont le fruit d'individus déraisonnables[51]*. »*

George Bernard Shaw

Nous sommes à la recherche d'un travail qui corresponde à ce que nous aimons faire, et dans lequel nous nous sentirions utiles pour la société.

Nous pouvons chercher cet emploi ou le créer. Depuis le début de notre aventure, nous nous sommes demandé :

51 - « *The reasonable man adapts himself to the world. The unreasonable man adapts the world to himself. All progress depends upon the unreasonable man* », George Bernard Shaw.

vaut-il mieux être un entrepreneur avec une grande liberté d'action, ou un intrapreneur qui développe des projets d'innovation au sein d'une grande structure, tout en ayant l'assurance de toucher un revenu à la fin du mois ? Nous voici au croisement des questions relatives à la passion, au talent, à la rémunération et à l'impact social.

Ce questionnement a été un fil rouge de notre projet pendant trois ans. Nous avons rencontré une grande diversité d'innovateurs, entrepreneurs et intrapreneurs sociaux. Certains ont choisi d'agir dans des petites structures indépendantes, d'autres ont pris le parti de transformer des grandes multinationales. Nous vous présentons ici quelques-uns de leurs parcours.

L'ENTREPRENEUR SOCIAL INVENTE DE NOUVEAUX MODÈLES

Revenons un instant sur la définition de ce qu'est un « entrepreneur social ». Bill Drayton, le fondateur d'Ashoka, a inventé le terme et démocratisé son utilisation. Une fois diplômé d'Harvard, Oxford et Yale (rien que ça !), il travaille comme consultant chez McKinsey, puis est nommé à 34 ans directeur adjoint de l'Agence de protection de l'environnement (EPA) des États-Unis. Cette double culture privé-public fera toute la force d'Ashoka, association qu'il crée en 1978, à 35 ans, parallèlement à son travail. Pour lui, « la force la plus puissante dans le monde est une grande idée – si elle est dans les mains d'un entrepreneur d'exception. C'est cette combinaison qui peut changer le monde[52] ». Ashoka, du nom de l'empereur Ashoka qui régna en Inde entre 269 et 232 avant Jésus-Christ et fit passer de nombreuses lois sociales, a pour but de soutenir les entrepreneurs sociaux les plus remarquables de la planète. Bill Drayton se met alors à parcourir le monde pour trouver ces individus d'exception, « mariés à leur idée », et les soutenir financièrement. Présent dans 70 pays, Ashoka soutient aujourd'hui plus de 3 000 entrepreneurs sociaux d'exception – appelés « Ashoka Fellows » – qui ont un impact sur 175 000 bénéficiaires en moyenne. Pour Drayton, « le but de la vie du vrai entrepreneur social est de changer le monde. Il ou elle ne peut simplement pas s'arrêter tant que sa vision ne s'est pas répandue

52 - « *The most powerful force in the world is a big idea – if it is in the hands of a great entrepreneur. It's how a very small investment can make a huge difference* », Bill Drayton.

dans la société[53] ». « Les entrepreneurs sociaux ne se contentent pas de pêcher ou d'enseigner comment pêcher. Ils ne sont satisfaits qu'à partir du moment où ils ont révolutionné toute l'industrie de la pêche[54]. » L'impact peut être alors systémique : cinq ans après leur élection comme « Ashoka Fellows », 57 % ont contribué à faire changer la politique nationale dans leur secteur d'activité[55].

Un entrepreneur social est avant tout un entrepreneur : il n'est pas chercheur d'emploi, mais créateur d'emplois[56]. Sa motivation diffère de celle d'un entrepreneur classique : l'objectif n'est pas le profit en soi, mais la réussite de sa mission sociale grâce à l'efficacité de son modèle économique. « Sa finalité sociale est supérieure ou égale à sa finalité économique », synthétise l'Institut de l'innovation et de l'entrepreneuriat social de l'ESSEC. Les entrepreneurs sociaux agissent dans tous les domaines où des problèmes sociaux – éducation, santé, handicap, insertion, accès à l'eau, à une alimentation saine, à l'électricité, au logement… – peuvent être transformés en opportunités entrepreneuriales, tant dans les pays en développement que dans les pays développés.

53 - « *The life purpose of the true social entrepreneur is to change the world. [H]e or she simply cannot come to rest in life until his or her vision has become the new pattern societywide* », Bill Drayton.
54 - « *Social entrepreneurs are not content just to give a fish or teach how to fish. They will not rest until they have revolutionized the fishing industry* », Bill Drayton.
55 - « *57 % of Fellows have contributed to change national policy within 5 years of election* », *Ashoka Social Impact Study 2013*, p. 18.
56 - « *Don't be a job seeker, be a job giver* », Muhammad Yunus.

Dans leur livre *The Power of Unreasonable People—How Social Entrepreneurs create markets that change the world*[57], John Elkington et Pamela Hartigan présentent les entrepreneurs sociaux comme des individus *déraisonnables.* Ils le sont pour plusieurs raisons : ils veulent changer le système, sont démesurément ambitieux, sont guidés par l'émotion, anticipent l'avenir, et cherchent à réaliser des profits là où personne n'aurait imaginé que cela soit possible. Ces traits de caractère sont leur plus grande qualité. Nous l'avons constaté sur le terrain. Deux entrepreneurs sociaux aux parcours atypiques nous ont particulièrement marqués pendant notre aventure Destination Changemakers.

De la philanthropie à l'entrepreneuriat social : éradiquer l'extrême pauvreté aux Philippines en une génération

Portrait d'Antonio Meloto, Gawad Kalinga, Philippines (par Jonas)

23 septembre 2012, Quezon City, agglomération de Manille, Philippines

Après vingt-quatre heures de voyage, nous atterrissons à l'aéroport international Ninoy Aquino, à Manille. Malgré la fatigue, l'excitation est à son comble car c'est notre premier jour sur le terrain. Nous prenons un taxi à l'aéroport pour

57 - John Elkington, Pamela Hartigan, *The Power of Unreasonable People—How Social Entrepreneurs create markets that change the world*, Harvard Business Review Press, 2008.

nous rendre à Quezon City, où nous sommes attendus par Antonio Meloto, le fondateur de l'ONG Gawad Kalinga.

Il n'aura pas fallu attendre longtemps pour être confronté à la pauvreté. Depuis notre taxi, nous observons Manille et ses inégalités : une fois dépassé le centre d'affaires et ses hôtels de luxe, les logements de fortune s'entassent partout dans cette mégalopole de 20 millions d'habitants. Après plus d'une heure de trajet dans les rues embouteillées de Manille, nous arrivons chez Antonio Meloto, que les Philippins surnomment « Tito Tony », littéralement l'« oncle Tony ».

J'ai rencontré Tony pour la première fois durant l'été 2010 lors d'une mission humanitaire au sein de Gawad Kalinga, à laquelle participait une équipe de 12 étudiants de l'ESCP Europe. C'était la première fois qu'un groupe aussi nombreux de bénévoles européens venait aux Philippines pour travailler avec cette ONG. Accueillis avec beaucoup de générosité, nous avions pu découvrir l'histoire de cet entrepreneur social d'exception.

Issu d'une famille très modeste, Tony fait de brillantes études, financées par des bourses scolaires. Il commence sa carrière dans le secteur privé et monte rapidement les échelons pour devenir cadre dirigeant chez Procter & Gamble, multinationale commercialisant des produits d'hygiène et de beauté. À l'approche de la quarantaine, il abandonne tout. Il se rend compte que son ego a gonflé mais que son parcours ne l'a pas rendu heureux : « L'argent peut acheter le plaisir, mais il ne peut pas acheter le bonheur », témoigne-t-il. Alors qu'une minorité de Philippins, dont il fait partie, vit luxueusement, la majorité du pays vit dans la pauvreté, voire l'extrême pauvreté. Tony ne le supporte plus et décide de changer sa vie, en se mettant au service des plus démunis. Il commence en tant que missionnaire : « Il fallait que je retrouve des valeurs humanistes afin de pouvoir à mon tour faire preuve d'humanité en direction des plus pauvres[58] », explique-t-il.

Une expérience le marque à tout jamais : son immersion dans le plus grand bidonville de Manille, Bagong Silang, au contact de jeunes délinquants, *dealers* et criminels. Cette immersion lui permet de mieux comprendre les causes et les conséquences de la pauvreté. Premier constat : la plupart des programmes sociaux s'adressent aux victimes, femmes et enfants, mais peu se préoccupent des responsables, c'est-à-dire, en règle générale, les hommes. Deuxième constat : « Les pauvres ne sont pas juste un problème, ils font aussi partie de la solution. » En vivant dans le bidonville, il découvre en effet le « génie des pauvres » qui parviennent à optimiser leurs très maigres ressources. Troisième constat : pour permettre à ce « génie des pauvres » de s'exprimer pleinement, « il faut redonner une dignité et une fierté à ce peuple qui s'est laissé enfermer dans une mentalité d'esclave pendant des siècles ![59] » Sa conclusion est claire : « La pauvreté n'est pas un problème économique ; c'est un problème de comportement, avec des conséquences économiques. »

Fort de ces enseignements, et grâce à son réseau qui lui permet de trouver les premiers financements, il crée une communauté villageoise à Bagong Silang, puis fonde, en 2003,

58 - Marielle Court, « Les rêves de Tony Meloto », *Le Figaro*, 10 juin 2013.
59 - Nicolas Cordier, « Rencontre avec Tony Meloto, bâtisseur de rêves et innovateur social qui vise l'éradication de l'extrême pauvreté aux Philippines d'ici 2024 », www.nicolascordier.wordpress.com, 6 juin 2013.

Gawad Kalinga – en français, « prendre soin », – avec un objectif très ambitieux : éradiquer l'extrême pauvreté aux Philippines d'ici 2024, c'est-à-dire en une génération ! Défi immense puisque environ un tiers des Philippins, soit plus de 30 millions d'habitants, vit dans la pauvreté.

Visionnaire, Tony planifie son programme de développement qu'il découpe en trois phases, chacune de sept ans. C'est la vision « GK2024 ». La première phase (2003-2010) consiste à construire, avec le concours de milliers de bénévoles, d'entreprises et d'élus locaux, des communautés villageoises solidaires, autonomes et durables. Tony la résume ainsi : « De la terre aux sans-terre, des maisons aux sans-abri, de la nourriture aux affamés, de l'eau aux assoiffés, de l'électricité à ceux qui sont dans l'obscurité[60]. » « Moins pour soi, plus pour les autres, assez pour tous[61] », telle est la devise adoptée.

Chaque village accueille une soixantaine de familles d'anciens « *squatters* », les habitants des bidonvilles. Bénéficiant d'un cadre de vie pacifié et de maisons en dur aux couleurs joyeuses, ces anciens exclus retrouvent leur dignité, une discipline de travail, et des valeurs, une notion fondamentale pour Tony : « Vous construisez avec des valeurs, pas seulement avec de l'argent », répète-t-il souvent. Pour créer un esprit de communauté, les familles construisent toutes les maisons ensemble, puis les tirent au sort une fois qu'elles sont terminées. En échange du soutien matériel et logistique apporté par l'ONG, les villageois doivent s'engager à travailler un certain nombre d'heures pour le développement de la communauté et des infrastructures. C'est ce que Tony appelle

60 - « *Land for the landless, homes for the homeless, food for the hungry, water for the thirsty, light for those in darkness* », Gawad Kalinga.
61 - « *Less for self, more for others, enough for all* », Gawad Kalinga.

la *sweat equity*, ou « contribution par la sueur ». Pour accompagner le développement de ces villages, Gawad Kalinga lance plusieurs programmes, qui portent notamment sur la santé, l'éducation, l'entrepreneuriat et le respect de l'environnement. En moins de dix ans, cette ONG a construit, avec le soutien de 500 entreprises, plus de 2 000 villages à travers les Philippines, améliorant ainsi les conditions de vie de près d'un million de Philippins. Des villages Gawad Kalinga ont également vu le jour en Indonésie, au Cambodge, en Papouasie-Nouvelle-Guinée et en Australie (pour les communautés aborigènes marginalisées).

Mais le travail est loin d'être terminé ! Depuis 2010, Tony et son équipe ont entamé la deuxième phase (2010-2017) qui consiste à rendre les communautés financièrement autonomes. Comment ? Grâce à des entreprises sociales qui créent de la richesse « à la base de la pyramide économique ». L'accent est mis sur les zones rurales, où il est urgent d'agir pour freiner l'exode rural. C'est aussi là où les opportunités sont les plus fortes, comme l'explique Tony : « Nous avons 12 millions d'hectares de terres fertiles prêtes à être cultivées et néanmoins 18 millions de Philippins ont des problèmes d'alimentation. 99 % de nos produits laitiers sont importés et 85 % de nos chocolats proviennent de pays qui n'ont pas un seul cacaotier sur leur territoire, alors que le climat des Philippines est idéal pour la production des meilleures fèves de cacao !

Tony est formel, il faut donc trouver des entrepreneurs pour valoriser les ressources humaines et naturelles des Philippines : « Pour éradiquer la pauvreté, nous devons rêver grand, et seuls les entrepreneurs ont la capacité de changer notre façon de penser et de nous comporter. Aux Philippines, nous avons la terre, nous avons les hommes, nous avons les idées, mais il nous manque encore les entrepreneurs », nous dit-il. Afin de convaincre de jeunes diplômés talentueux de créer leur entreprise sociale en partenariat avec Gawad Kalinga, Tony inaugure durant l'été 2010 un incubateur d'entreprises sociales, le *Center for Social Innovation*. Sa mission : « Construire une génération de jeunes créateurs de richesses aux Philippines, plutôt qu'une génération de chercheurs d'emplois à l'étranger. » Il s'explique : « Si nous voulons réellement créer du changement à grande échelle, nous ne pouvons seulement nous contenter des efforts des riches et des puissants qui ont été responsables des problèmes dans le monde. Nous devons impliquer les jeunes pleins d'aspiration, qui pourront créer du changement par le bas de la pyramide. Nous souhaitons contribuer à la création de 500 000 entreprises sociales d'ici 2024. »

Comme beaucoup d'observateurs en 2010, je crois à l'utopie. Tony propose donc à notre groupe de passer un mois au sein de l'*Enchanted Farm of Bulacan* – la Ferme enchantée de Bulacan –, un village à 50 kilomètres au nord de Manille accueillant d'anciens « *squatters* », et dépeint par Tony comme le « Disneyland du tourisme social » et la « Silicon Valley de l'entrepreneuriat social ». Il nous répète à plusieurs reprises qu'un véritable écosystème se crée dans ce village. Entre admiration et scepticisme, nous nous rendons donc à la Ferme enchantée…

Après plus de deux heures de bus et trente minutes de marche sur un chemin boueux, nous arrivons dans le village, quelque peu surpris : en effet, la future « Silicon Valley de l'entrepreneuriat social » n'est pas reliée par la route et n'a pas d'eau courante pour ses habitants… Et pour le moment, il n'y a pas d'entrepreneur social en vue. Tony est-il un visionnaire ou un illuminé ? L'accueil extraordinaire des habitants atténue rapidement notre déception. Chaque jour, nous sommes touchés par la générosité illimitée de ceux qui n'ont presque rien. Même si nous ne comprenons pas très bien les rêves et les projets de Tony pour ce village, nous sommes portés par l'espérance qui règne parmi ceux qui étaient autrefois dans la misère la plus totale. Nous terminons notre mission un peu chamboulés, et nous nous promettons de revenir un jour, en espérant que les rêves de Tony se réalisent.

■■■

Deux ans plus tard, je suis donc de retour avec Matthieu, qui, après avoir rencontré Tony lors de ses passages à Paris, a tout de suite accepté de mener notre première mission aux Philippines avec Gawad Kalinga. Au bout de quelques jours, Tony nous invite à passer un week-end à la Ferme enchantée. Il me prévient que le village a beaucoup changé. Nous acceptons évidemment sa proposition et je m'attends à marcher pendant trente minutes sur un chemin boueux, comme deux ans auparavant.

Le lendemain, nous arrivons pourtant par une route moderne, et le village s'est métamorphosé. En passant devant les cultures florissantes de papayes et de citronnelle, les ateliers des entreprises sociales, ou encore le Bamboo Palace – un impressionnant palais en bois réalisé pour accueillir des événements –, je me dis que Tony n'est plus si loin d'avoir gagné son pari. Une vingtaine d'entreprises sociales participent au développement du village et « ré-enchantent » une région autrefois marquée par la pauvreté et la violence. On trouve de tout, ou presque ! Des entreprises vendant des produits agricoles, des cosmétiques, des produits textiles, des jouets... Il y a même un restaurant, un salon de beauté, et des *bed and breakfast* ! Je suis sans voix et j'ai presque honte d'avoir pu douter des ambitions de Tony deux ans plus tôt.

■■■

Alors, comment fonctionne cette pépinière de l'entrepreneuriat social ? Chaque entreprise sociale emploie plusieurs habitants du village, leur permettant ainsi d'améliorer leur niveau de vie et d'envoyer leurs enfants à l'école. Une part des profits réalisés est directement redistribuée à la communauté, actionnaire d'une partie du capital de l'entreprise. La majorité des entrepreneurs sociaux sont des Philippins, avec quelques années d'expérience professionnelle ou tout juste diplômés des meilleures universités des Philippines. Deux jeunes entrepreneurs sociaux français ont également rejoint Gawad Kalinga pour y lancer leur entreprise sociale.

À côté de ces entrepreneurs, de plus en plus de grandes entreprises s'associent à Gawad Kalinga pour lancer ou soutenir des entreprises sociales. On peut citer Selecta, qui commercialise une glace réalisée à partir de l'*ube*, plante philippine cultivée par les communautés de Gawad Kalinga, mais aussi Unilever, Nestlé, Shell, Hyundai… Lors de notre mission, nous avons travaillé sur le développement d'un partenariat avec Schneider Electric pour améliorer l'accès à l'énergie durable dans les villages de l'ONG. Tony rêve de partenariats ambitieux avec une multinationale dans chaque secteur de l'économie : « Nous nous rendons compte que le *big business* est un ami du développement, et nous allons au-delà de la responsabilité sociale des entreprises (RSE). La RSE nous a aidés à construire beaucoup de nos programmes de logement, d'éducation, et de santé. Mais nous réalisons que nous devons passer de la RSE à l'investissement social pour développer ensemble l'entrepreneuriat social[62]. » Créer ou soutenir des entreprises sociales locales « devient un investissement pour les multinationales qui souhaitent élargir leur marché et entreprendre de manière plus durable[63] », ajoute-t-il.

La Ferme enchantée est devenue un véritable lieu de convergence entre des acteurs publics, des grandes multinationales et des entrepreneurs sociaux qui se rassemblent pour inventer de nouveaux modèles économiques plus inclusifs, permettant d'intégrer les plus démunis dans la création de richesses. Tony définit justement l'entrepreneuriat social comme « la structure où la charité, la durabilité, l'entrepreneuriat, l'idéalisme et le réalisme se rejoignent[64] ». La Ferme enchantée est donc un lieu hybride, aux multiples fonctions : en plus d'être une ferme, un village et une destination de tourisme solidaire, c'est aussi une université où est présenté et enseigné (sur le terrain !) l'entrepreneuriat social. Cent mille jeunes Philippins sont attendus cette année... Vingt-quatre nouvelles Fermes enchantées devraient voir le jour d'ici cinq ans, quatre sont déjà en construction dans le pays. S'esquisse la troisième phase, prévue à partir de 2018, qui consistera à faire changer d'échelle ces innovations sociales, en facilitant leur reproduction sur tout le territoire philippin.

62 - Videos-lexpress.fr.

63 - *Explorers of the New World*, chapitre 5, « Social Entrepreneurship and the End of Charity », Antonio Meloto.

64 - *Explorers of the New World, ibid.*

Sur tous les continents, que ce soit devant des étudiants ou des chefs d'entreprises, les interventions de Tony Meloto sont systématiquement ovationnées. Son optimisme radical plaît particulièrement en Europe et inspire un continent en manque de bonnes nouvelles. Tony a ainsi reçu de nombreuses distinctions internationales, dont le très prestigieux prix de l'entrepreneur social de l'année 2011, décerné par la Skoll Foundation, ou le prix de l'entrepreneur social pour le monde, décerné par le World Entrepreneurship Forum. Et certains le pressentent même comme un futur prix Nobel de la paix…

Son succès et sa notoriété ne l'empêchent pas de rester proche du terrain. Presque chaque jour, il se lève à 5 heures du matin pour se rendre à la Ferme enchantée. Il a refusé des postes dans des ministères parce que, explique-t-il, il préfère « la liberté de servir au pouvoir de diriger[65] ».

Loin d'être un doux rêveur comme je l'imaginais deux ans plus tôt, Tony est un révolutionnaire pragmatique qui, à force de persévérance, a su emmener avec lui l'ensemble des acteurs de la société dans sa lutte contre l'extrême pauvreté aux Philippines. Il a montré que des convergences entre des acteurs qui s'ignorent habituellement sont possibles, et nécessaires pour inventer de nouveaux modèles, inclusifs et durables.

Les trois mois passés aux Philippines aux côtés d'Antonio Meloto nous ont fortement inspirés, mais son parcours extraordinaire peut aussi faire peur. Pour devenir entrepreneur social, faut-il être aussi visionnaire et avoir un tel charisme ? Difficile de tenir la comparaison… Et par où commencer ? Tony nous rassure : il n'y a pas d'âge, de profil

65 - « I value the freedom to serve more than the power to rule », Antonio Meloto.

type ni de parcours tout tracé pour devenir entrepreneur social. Selon lui, un entrepreneur social devra toutefois développer les qualités suivantes – en anglais, ce sont les « 5 C » : personnalité (*character*), compassion (*compassion*), courage (*courage*), compétence (*competence*) et engagement (*commitment*). Et sur notre livre d'or, Tony ne nous donnera qu'un précieux conseil : « N'ayez pas peur d'oser et d'être solidaires[66] ! »

Le gestionnaire de fortune devenu banquier solidaire

Portrait d'Arnaud Poissonnier, Babyloan, France (par Matthieu)

2 février 2012, Palais des congrès, Paris

Nous sommes en pleine préparation de notre projet Destination Changemakers. Dans huit mois, nous partirons pour notre première mission aux Philippines, auprès d'Antonio Meloto.

Pour nous immerger dans le monde de l'innovation sociale, nous participons à de nombreux ateliers, conférences et séminaires, qui sont autant d'occasions de rencontrer des entrepreneurs inspirants.

Aujourd'hui, rendez-vous au Salon des entrepreneurs, où nous sommes surtout venus assister à la conférence intitulée « Innovez, devenez entrepreneur social ». Ce jour-là, le parcours atypique d'un intervenant nous marque particulièrement : il s'appelle Arnaud Poissonnier et a lancé Babyloan,

66 - *« Do not be afraid to dare and to care ! »*, Antonio Meloto.

une plateforme internet de microcrédit solidaire. Nous connaissons Babyloan depuis déjà un bon moment, mais n'avons jamais eu l'occasion d'écouter son fondateur. Pendant son intervention, Arnaud cite un entrepreneur social qu'il admire beaucoup, dit-il… Antonio Meloto : « L'argent peut acheter le plaisir, mais il ne peut pas acheter le bonheur… » La coïncidence est trop grande pour que nous la laissions passer : nous décidons d'échanger quelques mots avec lui à la suite de la conférence. Gentiment, il prend le temps de revenir plus en détails sur son parcours hors du commun.

■■■

Arnaud grandit dans une famille bourgeoise, catholique, sociale-démocrate du nord de la France. Enfant, il est très sensible à la solidarité et à l'humanisme, et veut devenir prêtre. Mais, vers 12 ans, sa vocation en prend un coup lorsqu'il s'amourache de « minettes »… Il se met à espérer une réforme de l'Église pour pouvoir devenir prêtre et se marier, puis doit se rendre à l'évidence et tirer un trait sur cette vocation.

Adolescent, il passe beaucoup de temps sur les plages de sa région. Un jour, il a l'idée d'associer une planche à voile à un cerf-volant : sans le savoir, il vient d'inventer le *kitesurf*. Quels regrets a-t-il lorsqu'un autre entrepreneur démocratise ce nouveau sport quelques années plus tard ! Il se promet alors de ne plus jamais laisser passer une autre idée.

Son bac en poche, il opte pour le droit, un peu par défaut. Il termine ses études de notaire et obtient un master de gestion d'entreprise, avant de commencer à travailler dans la banque. Il passe douze ans dans des banques de gestion de fortune à Paris, notamment chez Merrill Lynch. Il précise : « J'avais pour clients des grands comptes, des gens très riches.

Au bout de douze ans, je ressentais une forme d'ennui. [...] J'en avais un peu marre de servir des personnes riches qui faisaient toujours la gueule. » Malgré tout, son expérience bancaire lui permet de faire ses armes et de se forger un carnet d'adresses conséquent.

Il se retrouve alors un peu par hasard en charge du développement durable dans la banque où il travaille. « En 2005, je suis parti deux semaines au Tadjikistan, et je me suis pris une grosse claque. J'ai mieux compris ce que voulait dire la misère, j'ai découvert la situation de ces populations exclues du système bancaire classique, et l'intérêt du microcrédit. D'un seul coup, tout devenait concret. » Il continue : « Ma première rencontre avec un bénéficiaire de microcrédit restera gravée à jamais dans ma mémoire : Satarova, cette femme de Douchanbe, si souriante et si fière de me montrer qu'elle était capable de s'en sortir par elle-même sans être assistée. » Cette expérience est une révélation : « Je venais de découvrir la finance du sourire, la finance fondamentalement utile. »

C'est le coup de foudre, et Arnaud décide, fin 2005, de quitter l'univers de la banque. Il rentre dans l'ONG française ACTED, où il développe les activités de microcrédit et le réseau d'institutions de microfinance de l'ONG.

Quelques mois plus tard, il découvre le site américain Kiva, qui propose du microcrédit en ligne. Cette fois, il ne laisse pas passer l'occasion : « J'ai trouvé l'idée géniale. Je me suis associé à Aurélie Duthoit, une jeune femme pleine d'idées qui sortait de l'EDHEC[67], et on a créé babyloan.org. » Premier site internet européen de microcrédit solidaire, Babyloan devient, en quelques mois, la seconde plateforme internet de ce type au monde.

67 - École des hautes études commerciales du Nord.

Lorsqu'ils lancent leur entreprise, ils choisissent, pour sa grande souplesse, le statut de société par actions simplifiée (SAS), qui leur permet d'inscrire dans leurs statuts une lucrativité limitée, une gouvernance participative et une échelle de salaires de 1 à 5 dans l'entreprise. Entreprise sociale ? Arnaud préfère utiliser le terme d'entreprise commerciale sociale (ECS) pour éviter les confusions, car, dit-il, « une entreprise commerciale sociale, ça dit bien ce que c'est ».

Alors, Babyloan, comment ça marche ? D'un côté, des micro-entrepreneurs de pays du Sud, qui font partie des 90 % de la population mondiale qui n'ont pas accès au crédit. Ils ont besoin de quelques dizaines d'euros pour financer des activités génératrices de revenus et sortir de la pauvreté. De l'autre côté, des épargnants solidaires français. La rencontre se fait sur Babyloan.org. En quelques clics, l'internaute occidental peut découvrir les projets des micro-entrepreneurs, comprendre leurs besoins de financements, et décider de leur prêter quelques euros en réalisant un virement par internet. L'internaute pourra ensuite suivre au fil des mois le remboursement de son prêt. À n'importe quel moment, le prêteur peut choisir de récupérer progressivement sa mise de départ. « Le prêt minimum est de 20 euros et le montant du prêt moyen est de 90 euros », nous précise Arnaud. Babyloan associe donc prêt et parrainage, se distinguant ainsi de nombreuses ONG qui allient souvent don et parrainage. « L'aide peut ainsi avoir plusieurs vies », puisque la somme, une fois remboursée, peut être de nouveau prêtée. Il s'agit bien de prêts solidaires : le taux d'intérêt est de 0 %. Depuis 2011, les Babyloaniens ont aussi la possibilité de financer des entrepreneurs français, ce qui permet de réinventer la solidarité locale : 15 % des prêts sur la plateforme sont aujourd'hui alloués à des micro-entrepreneurs français.

Qui sont les prêteurs ? Des personnes de tous milieux sociaux, heureuses de faire un geste facile et utile avec leur épargne. Jean Cluzel, ancien sénateur, prête plus de 150 000 euros sur Babyloan. À Lyon, une aide-soignante prête tous les mois 20 % de son salaire ; elle a permis le financement de plus de 1 500 projets en deux ans !

Babyloan est aussi une réponse aux dérives de la microfinance, qui ont notamment engendré une grave crise du secteur en 2010. Certaines institutions de microfinance – une minorité parmi les 10 000 qui opèrent dans le monde – ont utilisé la fragilité des populations débitrices pour s'enrichir, notamment en augmentant les taux d'intérêt de manière excessive et en finançant des crédits à la consommation (huit prêts sur dix en Inde[68]). Le 28 juillet 2010, la plus grande institution de microfinance du monde, SKS, qui compte près de 6 millions de clients en Inde, entrait en bourse, symbole de l'adoption d'une logique purement mercantile par une partie de la microfinance. Cet événement a provoqué un tollé dans le monde, justifié mais caricaturé par les médias.

En 2011, dans un article intitulé « Qui veut la peau du microcrédit ? » publié sur Youphil.com[69], Arnaud s'insurge contre les dangereux raccourcis médiatiques : « Après avoir été encensée, peut-être avec excès, la microfinance devient une abomination qui asservirait les pauvres, au lieu de

68 - Coraline Bertrand, « Et si les internautes devenaient des banquiers solidaires ? », *Rue 89*, 31 janvier 2011.

69 - Arnaud Poissonnier, « Qui veut la peau du microcrédit ? », Youphil.com, 15 mars 2011.

contribuer à leur rendre une dignité et de mettre à leur disposition des moyens d'entreprendre. Il n'est plus question que de méthodes de recouvrement inacceptables, d'introduction en bourse, de taux usuraires, de surendettement, voire de suicides... […] Faut-il rappeler que 160 millions de personnes par le monde vivent du développement de leur activité d'autosubsistance elle-même financée par le microcrédit ? » conclut-il. Arnaud en appelle à un retour à la vocation première du microcrédit, sa mission sociale. Les micro-entrepreneurs présents sur Babyloan sont rigoureusement sélectionnés par des institutions de microfinance locales, elles-mêmes choisies par cette plateforme avec la plus grande prudence.

Aujourd'hui, Babyloan réunit 25 000 prêteurs solidaires, qui ont prêté un total de plus de 6 millions d'euros, à destination de 15 000 micro-entrepreneurs du monde entier. Créé en 2005, le grand modèle américain, Kiva, pionnier et *leader* du microcrédit en ligne, rassemble aujourd'hui un million de membres, qui ont investi 450 millions de dollars de prêts cumulés, distribués à plus de 1,1 million d'entrepreneurs dans 72 pays.

Arnaud déborde d'idées pour Babyloan, qu'il souhaite notamment déployer dans d'autres pays européens et dans des pays en voie de développement, pour encourager une solidarité Sud-Sud. Une opportunité pour l'avenir ? Le « *crowdimpacting* », contraction de *crowdfunding* – financement participatif, qui s'opère depuis des plateformes internet comme Kickstarter, Ulule, My Major Company ou Babyloan – et *impact investing*, c'est-à-dire l'investissement dans des entreprises sociales dans le but de générer à la fois un retour social et un retour financier : « Aujourd'hui, les plateformes de financement participatif ont permis de collecter 6 milliards de dollars, dont 15 à 20 % sont assimilables à de l'*impact investing*. Or, le *crowdfunding* est appelé à exploser dans les années à venir et à représenter 1 000 milliards de dollars dans dix ans... ce qui signifie que le montant du financement participatif alloué à des entreprises sociales va aussi exploser ! » L'entrepreneur doit bien sûr regarder devant, mais aussi assurer, à chaque instant, la pérennité financière de son entreprise. C'est un défi quotidien pour Arnaud, qui doit rémunérer son équipe, couvrir ses dépenses courantes, entretenir et promouvoir le site internet. Ses revenus proviennent principalement d'une petite commission de fonctionnement demandée aux internautes et des frais d'inscription demandés aux institutions de microfinance, intermédiaires entre Babyloan et les micro-entrepreneurs sur le terrain. En moyenne, pour 100 euros prêtés sur le site internet, Babyloan touche 6 euros. Arnaud espère atteindre l'équilibre financier fin 2015.

L'aventure entrepreneuriale n'est donc pas toujours une partie de plaisir. En passant du monde de la banque à Babyloan, Arnaud a divisé son salaire par deux. Regrette-t-il ce revirement ? « Avant, je m'occupais de 10 clients très riches, aujourd'hui je m'occupe de plus de 10 000 clients très pauvres... au fond de moi, je suis certainement mille fois plus heureux qu'avant ! »

Le parcours d'Arnaud Poissonnier nous enseigne donc deux choses. D'une part, un entrepreneur social peut remettre l'économie au service de l'homme en utilisant des compétences développées dans le business classique, mais en changeant leur but. D'autre part, il n'a pas forcément besoin d'une idée géniale pour commencer, il peut s'inspirer d'innovations sociales déjà présentes par exemple dans d'autres pays.

Premier enseignement

Les entrepreneurs sociaux refusent le statu quo et cherchent à résoudre des problèmes sociaux à grande échelle. Ceux qui réussissent le mieux partagent certains traits de caractère, qu'ils ont particulièrement cultivés :

· Vision : leur vision du futur est désirable, claire et compréhensible par tous.

· Compréhension : ils comprennent le monde qui les entoure, les causes et les conséquences des problèmes auxquels ils s'attaquent. Ils utilisent le « génie de leur esprit pour bâtir avec la générosité du cœur[70] ».

· Empathie : ils sont proches de leurs bénéficiaires, pour comprendre leurs besoins.

· Innovation : ils pensent différemment, sont capables de suivre leur intuition, n'ont pas peur de sortir des sentiers battus, peuvent rapprocher plusieurs disciplines pour inventer de nouvelles solutions.

· Ambition : ils croient en leur capacité de changer les choses, rêvent grand, aiment défier l'impossible et fixer des objectifs inatteignables aux yeux des autres.

· Ténacité : ils sont passionnés et obnubilés par la résolution du problème social auquel ils s'attaquent.

70 - « *Use the genius of your mind to build with the generosity of your heart* », Antonio Meloto.

- Collaboration : ils bâtissent des ponts entre les secteurs public et privé, et tentent de créer à plusieurs ce que personne n'a réussi à faire seul.

- Action : ils prennent des risques et apprennent de leurs erreurs. Ils osent, testent et perfectionnent !

- Charisme : leur enthousiasme est communicatif, ils sont capables de réunir des talents autour de leur projet, d'inciter d'autres personnes à agir.

L'entrepreneuriat social représente donc une possibilité de carrière très séduisante pour des jeunes en quête de sens, de performance et d'indépendance. Qu'en est-il de l'intrapreneuriat social ? Est-il possible de changer les grandes entreprises de l'intérieur ?

L'INTRAPRENEUR SOCIAL CHANGE LE SYSTÈME DE L'INTÉRIEUR

En 2008, *The Economist* publiait une critique de l'ouvrage de John Elkington et Pamela Hartigan, *The Power of Unreasonable People*[71]. Il écrivait : « Les plus grands agents de changement sociétal ne sont probablement pas les entrepreneurs sociaux, aussi intéressants soient-ils… Il y a de grandes chances que ce soient des personnes très raisonnables, travaillant pour des grandes entreprises, qui voient des manières de concevoir des meilleurs produits ou d'atteindre de nouveaux marchés, et qui ont les ressources pour le faire[72]. » *The Economist* parle ici des intrapreneurs sociaux, c'est-à-dire des individus qui appliquent les principes de l'entrepreneuriat social au sein de grandes organisations, publiques ou privées.

Le terme « intrapreneur » est un néologisme inventé dans les années 1970 aux États-Unis. L'intrapreneur social travaille dans une entreprise « classique », dont il souhaite transformer les comportements et les métiers, pour améliorer son impact social ou environnemental[73]. « Là où les entrepreneurs choisissent l'autonomie et la célébrité, les intrapreneurs sociaux choisissent l'impact à grande échelle. Là où les entrepreneurs préfèrent le contrôle, ces individus ont la

71 - John Elkington, Pamela Hartigan, *op.cit.*

72 - « *The greatest agents for sustainable change are unlikely to be social entrepreneurs, interesting though they are… They are much more likely to be the entirely reasonable people, often working for large companies, who see ways to create better products or reach new markets, and have the resources to do so.* », *The Economist*, « Unreasonable People Power », 22 janvier 2008.

73 - Définition du Mouvement des entrepreneurs sociaux (MOUVES).

capacité enviable d'agir avec efficacité au sein de systèmes extrêmement complexes. Ils sont, évidemment, des acteurs au moins aussi importants que les entrepreneurs, mais sont dans l'ombre[74] », écrit SustainAbility, le cabinet de conseil en innovation sociale créé par John Elkington, que nous avons rencontré à Londres et qui a étudié l'impact des entrepreneurs et intrapreneurs sociaux.

Les intrapreneurs sociaux sont une espèce rare et leur tâche n'est pas simple : ils doivent faire preuve de qualités entrepreneuriales et d'agilité au sein de grandes structures souvent lourdes et difficiles à changer, pour faire « progressivement évoluer le référentiel d'analyse de la performance vers des critères pluridimensionnels, intégrant des considérations économiques, mais aussi sociales et environnementales, au sein d'entreprises peu familières avec ces notions[75] », et inventer un modèle économique sans pertes, en lien avec le cœur de métier de l'entreprise.

Alors, qui sont ces intrapreneurs sociaux ? Comment sont-ils arrivés là ? Comment ont-ils réussi à imposer leurs idées au sein de leurs organisations ?

74 - *The Social Intrapreneur, A Field Guide for Corporate Changemakers*, SustainAbility, 2008.
75 - Octavie Baculard, Amandine Barthélémy, Élisa Lewis, Romain Slitine, *Intrapreneuriat Social, La nouvelle frontière de l'innovation sociale pour l'entreprise*, Odyssem et Volunteer, 2012.

Utiliser les ressources d'une grande entreprise pour promouvoir l'entrepreneuriat social

L'équipe de danone.communities, France (par Matthieu)

4 février 2010, Grand Rex, Paris

Il aurait peut-être fallu commencer par là. En tout cas, c'est là – pour moi – que tout a commencé : ce 4 février 2010, presque un an avant que le projet Destination Changemakers ne naisse. Ce jour-là, le professeur Yunus est de passage à Paris.

Je suis en première année d'école de management, à l'ESCP Europe. Jonas et moi sommes dans la même classe. Nous avons tous les deux un intérêt pour l'entrepreneuriat social, même si nous ne connaissons pas grand-chose à ce monde. Nous avons tous les deux lu les livres de Muhammad Yunus et nous aimons l'idée qu'une entreprise puisse chercher à être utile à la société, avant de chercher à maximiser ses profits. Jeunes étudiants un peu naïfs, cela nous paraît si naturel. Ce 4 février 2010 à midi, nous finissons nos partiels du premier semestre. À la sortie, ce sera la délivrance : la majorité des étudiants se dirigera vers le bar de l'école. Pas moi : je me suis porté volontaire, un peu par hasard, pour donner un coup de main à l'organisation de la grande soirée « Génération solidaire : réinventons, entreprenons ! » organisée par le fonds d'investissement et incubateur de *social business* danone.communities et la chaire « Social Business, Entreprises et Pauvreté » d'HEC, avec le soutien de 80 autres organisations du secteur.

Cet après-midi-là, accompagné d'Hortense, une de mes meilleures amies, nous allons sur les Grands Boulevards, direction le Grand Rex, sans trop savoir ce qui nous attend.

Nous sommes une cinquantaine de bénévoles. Chargé de l'animation de danone.communities, Olivier Maurel, petites lunettes rondes et pantalon de couleur vive, nous accueille : « Merci d'être venus si nombreux ! » Les minutes sont comptées : nous n'avons que quelques heures pour coller des affiches, nous répartir les rôles pour l'accueil des participants, et tourner un film de promotion[76] du *social business*, en présence du professeur Yunus...

La soirée débute à 17 h 30. Dès 17 heures, une foule immense s'amasse sur le trottoir avant l'ouverture des portes : on compte près de 3 000 participants. Les trois quarts ont moins de 30 ans. Une foule d'étudiants surtout, mais aussi de cadres d'entreprise. La marée humaine attise la curiosité des passants : « Vous allez voir quel film ? – Non, c'est pas pour un film, c'est pour voir le professeur Yunus ! »

Sur scène, ce dernier, inventeur de la microfinance et du *social business*, prix Nobel de la paix 2006, est accompagné de Franck Riboud, PDG du groupe Danone, de Frédéric Dalsace, professeur de marketing à HEC, et de Martin Hirsch, alors haut-commissaire aux solidarités actives contre la pauvreté. Danone.communities me fascine : comment est-il possible de réunir un visionnaire qui rêve d'un « nouveau capitalisme », un dirigeant de multinationale, et un professeur d'une école qui participe au développement du libéralisme... autour d'un nouveau modèle d'entreprise pour éradiquer la pauvreté ? Comment fonctionne cette structure hébergée par une multinationale, qui prône le *social business* ? Qui travaille dans ce département de Danone ?

76 - Social Business Fan Art, Youtube.

Les discussions sont passionnantes, car elles évitent l'écueil du manichéisme. Il n'y a pas le gentil social et le méchant capitaliste. Social et économique peuvent et doivent être mélangés, et j'aime cette approche hybride. D'un côté, une vision et de l'optimisme : « Les gens pensent que nous ne pouvons pas éradiquer la pauvreté… c'est parce que nous ne l'avons pas encore fait que cela semble impossible ! En réalité, c'est possible, si nous utilisons notre créativité dans ce but ! Nous voulions aller sur la Lune, nous nous en sommes donné les moyens… Résultat : nous y sommes allés ! » déclare le professeur Yunus, animé d'un enthousiasme communicatif. De l'autre, du pragmatisme et du réalisme. Franck Riboud insiste sur la nécessité de faire du profit : « En tant que chef d'entreprise, mon but n'est pas de maximiser les profits ! Mon but est de protéger l'emploi. Lorsque je baisse le prix de nos yaourts, ce n'est pas seulement pour faire des bénéfices, c'est aussi pour protéger l'emploi. Les profits servent également à investir, à innover… il faut questionner ce que l'on fait des profits, pas le fait de faire des profits ! Si on ne fait pas de profit, ça s'appelle de la charité. Je n'ai rien contre, mais ce n'est pas durable ! » Pour moi, c'est un peu un soulagement d'entendre ça. Oui, les profits sont nécessaires. Je pourrai réutiliser les techniques que l'on m'apprend en cours, mais à d'autres fins, dans le but de servir l'intérêt général, pas l'intérêt de quelques-uns – ceux qui sont déjà puissants.

Et quand on demande au professeur Yunus s'il n'a pas peur d'être utilisé par Danone, il répond avec finesse : « Mais c'est moi qui me sers de Danone ! Je leur dis : "Je vous en prie, servez-vous de moi". »

Cette soirée va changer ma vie : avec la lecture de *80 hommes pour changer le monde*[77], cette conférence fonde mon rêve d'une nouvelle économie, plus humaine, plus juste, plus solidaire, plus durable. Par quel moyen ? Je ne sais pas encore. Le concept du *social business* est intrigant... Je ressors avec encore plus de questions, mais une porte vient de s'entrouvrir. Entre idéalisme et pragmatisme, social et business, coopération et compétition, local et global, danone.communities me fascine car cette structure essaie de participer à de nouveaux réglages économiques.

Cette conférence ne me pousse pas d'emblée à l'action. Il faudra que je mûrisse, mais elle aura semé des graines.

Deux ans s'écoulent, pendant lesquels je continue à multiplier prises de contact et participations à des événements danone.communities. Progressivement, je découvre ce fonds d'investissement et incubateur d'entreprises, créé en 2006 pour accompagner, financer et promouvoir des initiatives de type *social business* visant à réduire la malnutrition et la pauvreté dans le monde. Via une société d'investissement ouverte à tous, danone.communities finance des entreprises locales, économiquement viables, qui rentrent dans la mission de Danone d'« apporter la santé par l'alimentation au plus grand nombre ». Au-delà du soutien financier, les projets sont accompagnés par une communauté d'experts engagés, qui fournissent un appui technique.

77 - Sylvain Darnil, Mathieu Le Roux, *op.cit.*

Grameen Danone Foods Ltd est le premier projet soutenu, né de la rencontre, en 2005, entre Franck Riboud, PDG du groupe Danone, et Muhammad Yunus, inventeur du microcrédit et de la Grameen Bank au Bangladesh. Ils s'entendent sur une mission commune : faire reculer la pauvreté et la malnutrition dans le monde par la création d'entreprises économiquement viables. Ils veulent lancer un projet au Bangladesh, et, quelques mois plus tard, naît Grameen Danone Foods Ltd. L'objectif de ce *social business* – au sens de Muhammad Yunus – est de combattre les carences nutritionnelles dont souffre un enfant sur deux au Bangladesh. Grameen apportera son expertise des besoins locaux, Danone, son savoir-faire de fabrication de yaourts. Ensemble, ils conçoivent le Shokti Doi, « le yaourt le moins cher du monde, mais aussi le plus puissant[78] ».

Neuf autres projets suivront, en Chine, au Cambodge, en Inde, au Sénégal, au Mexique et en France, toujours dans le but d'améliorer la nutrition des populations les plus pauvres, de rendre accessible l'eau potable dans des zones rurales et d'innover dans les pays développés, par la création de partenariats. Les projets de danone.communities sont expérimentaux, toujours réalisés en coopération avec des acteurs locaux du développement (ONG, entrepreneurs sociaux, communautés locales).

78 - Citation d'Emmanuel Faber, lors son intervention au GSBS 2011.

2 janvier 2012

Je suis au milieu de ma première année de césure, consacrée à des stages en entreprise. Ce matin-là, je rejoins l'équipe danone.communities pour un stage de sept mois, à Paris. Ma mission ? Aider à la mise en place d'actions pour sensibiliser les jeunes aux missions de danone.communities, et créer des liens entre différents acteurs du *social business*, en France et dans le monde. Mon maître de stage est un certain Olivier Maurel (celui qui m'avait reçu lors de mon premier événement sur le *social business*). La boucle est bouclée.

Pendant ma mission, je découvre des intrapreneurs sociaux, qui mettent les ressources de Danone – compétences, temps, argent, réseaux – au service d'entrepreneurs sociaux.

Emmanuel Marchant, diplômé de l'ESSEC, commence sa carrière comme consultant chez OC&C Consultants. Celui qui se décrit comme « un homme d'entreprise » rejoint le groupe Danone en tant que directeur du planning stratégique, à 29 ans. Il s'envole ensuite pour le Mexique où il occupe les fonctions de directeur financier, puis de directeur général de filiales de Danone. En 2007, à 38 ans, il est rappelé du Mexique pour prendre la direction de danone.communities, au moment où « c'était une feuille blanche et une usine au Bangladesh », au tout début du projet Grameen Danone Foods Ltd. Ce qu'il aime particulièrement dans cette aventure, c'est la nécessité « d'être à la fois dans l'innovation sociétale et d'être très sérieux » : combien de fois l'ai-je entendu dire « *social business is business !* » ? Emmanuel utilise ses compétences en finance et en stratégie pour accompagner les projets sélectionnés par l'incubateur. Est-ce qu'il s'imagine entrepreneur social ? « Je ne sais pas, j'ai un respect énorme pour les nombreux entrepreneurs sociaux que j'ai croisés sur la route du *social business*. Être intrapreneur chez Danone reste très confortable et raisonnable. Les entrepreneurs sociaux, eux, sont des fous et il faut des fous pour changer le monde. »

Arielle Genton, diplômée de l'ESC Reims, débute sa carrière dans le marketing. Elle rejoint Danone en Europe de l'Est, comme chef de marché, pour ensuite amorcer un virage vers les ressources humaines : « J'étais fascinée par la complexité et le potentiel humain. » Le virage se prolonge jusque chez danone.communities : « En 2009, j'ai eu envie de mettre mes compétences au service de l'aventure du *social business.* » Son rôle est aujourd'hui d'accompagner les projets en coachant les équipes de management et en les aidant à mettre en place une bonne gestion des ressources humaines. Elle contribue aussi à transformer danone.communities pour renforcer son efficacité, son impact et sa crédibilité. « Danone m'offre la magnifique opportunité d'essayer de prouver que le *social business* marche ! » me dit-elle un jour, avec un grand sourire, et son énergie si caractéristique.

Olivier Maurel, diplômé de l'ESCP Europe, commence sa carrière comme consultant et *business developer* dans le web. En 2008, à 29 ans, il frappe à la porte de danone.communities et propose ses services à Emmanuel Marchant. Il lui dit en substance : « Ce que vous essayez de faire est génial, mais soyez concrets : créez des ponts entre les communautés, sur le terrain, et ceux qui souhaitent inventer un nouveau capitalisme. » Quelques semaines plus tard, il devient animateur de la communauté danone.communities et la développe. « Mon métier, c'était d'aider de grandes entreprises à grossir encore, et en même temps, je participais aux forums sociaux du côté des altermondialistes. Pour être cohérent, j'ai voulu essayer de changer les choses dans un grand groupe. » Son prochain défi ? Lancer et développer *Danone for Entrepreneurs*, pour aider les collaborateurs du groupe à monter leur entreprise.

Danone.communities, est-ce que ça marche ? Au sein de l'incubateur, on estime que les dix projets soutenus contribuent à améliorer les conditions de vie d'un million de personnes dans le monde. Les résultats préliminaires d'une étude en cours de réalisation par un tiers neutre semblent confirmer cette influence positive : ils montrent en effet que les yaourts fortifiés en micronutriments Shokti Doi favoriseraient le développement cognitif et physique des enfants au Bangladesh. Danone.communities a aussi un impact positif sur l'entreprise Danone elle-même. Elle incite par exemple à l'innovation : au Bangladesh, les équipes de Grameen Danone ont été obligées de construire une usine cent fois plus petite que celles habituellement bâties par l'entreprise, par ailleurs peu habituée jusqu'alors à coopérer avec des ONG et des entrepreneurs sociaux.

Cependant, aucun des dix projets de *social business* soutenus par Danone n'était rentable en 2012. Est-ce à dire que le concept de *social business* ne marche pas, que le modèle n'est pas pérenne, et l'équilibre économique, impossible ? Non, en tout cas il est trop tôt pour l'affirmer : « Nous n'avons jamais gagné d'argent en quatre ou cinq ans dans aucun pays du monde : il faut généralement attendre sept à dix ans[79] », précise Emmanuel Marchant.

Danone.communities est la première expérimentation importante du *social business* dans un grand groupe. Lorsque l'on demande à Emmanuel Marchant si l'expérience a fait des émules parmi les autres grandes entreprises, il répond :

79 - Emmanuel Marchant, *La Dynamique danone.communities*, Les Amis de l'École de Paris, 2011.

« Presque tous les groupes du CAC 40 sont venus nous voir. Certains ont du mal à envisager ce type d'action car leur secteur industriel s'y prête moins que celui de l'alimentaire. [...] Lors de notre dernier conseil d'administration, j'ai demandé aux administrateurs si notre objectif, atteindre 9 millions de bénéficiaires en 2015, leur paraissait satisfaisant ou insuffisant. Ils m'ont répondu que notre impact était déjà bien supérieur et ont souligné que des entreprises comme Kraft, Pepsi, Nestlé, Unilever étaient toutes en train de nous imiter. Certes, il y aura sans doute de la bonne et de la mauvaise graine parmi leurs projets, mais le mouvement est enclenché[80]. » Danone.communities attire aussi les jeunes talents, mais n'a jamais embauché de jeune à la fin de ses études. Franck Riboud doit parfois modérer l'engouement suscité : « Je fais des amphis, à Sciences-Po, où on ne me parle que de danone.communities ! Je dois leur expliquer que la vraie vie, ce n'est pas juste le *social business*[81]. » À la fin de mon stage, Emmanuel Marchant me confiait : « le *social business* est en train de germer, mais c'est quelque chose qui n'existe pas encore vraiment », comme pour me faire comprendre que si je voulais travailler dans le *social business*, c'était à moi de créer mon emploi... en devenant entrepreneur ! Danone. communities inspire, donne envie, frustre et donc favorise l'entrepreneuriat. Les plus convaincus suivront le conseil du professeur Yunus : « Ne soyez pas un chercheur d'emploi, devenez créateur d'emplois ! »

80 - *Ibid.*
81 - *Ibid.*

Être intrapreneur social au sein d'une grande banque, est-ce possible ?

Portrait d'Emmanuel de Lutzel, BNP Paribas, France (par Jonas)

12 octobre 2011, au siège social de Danone, Paris

Matthieu et moi venons d'arriver au siège de Danone, boulevard Haussmann. Nous sommes invités à un événement organisé par danone.communities – Matthieu n'y est pas encore stagiaire – sur le thème : « Comment renforcer les apports des voyages solidaires en travaillant en réseau ? » Le but de cette rencontre est de mutualiser les expériences des « voyageurs solidaires ».

L'événement commence par un tour de table des différents participants. La plupart ont déjà réalisé un tour du monde sur le thème de l'innovation sociale... Nous les écoutons avec attention. Les autres, comme nous, travaillent à un projet qu'ils sont venus présenter. L'âge moyen des participants se situe entre 20 et 35 ans.

Un participant plus âgé, d'une cinquantaine d'années, sort du lot. C'est le seul en costume-cravate, pas vraiment le *dress code* de cette soirée. Lorsque son tour arrive, il se présente avec humour : « Emmanuel de Lutzel, je suis banquier, mais vous l'aviez peut-être déjà deviné à la cravate. » Que fait un banquier à une réunion sur le thème des voyages solidaires ? « Rassurez-vous, continue-t-il, je ne me suis pas trompé de salle. Je suis venu vous présenter *La Course au microcrédit*[82],

82 - Johan Benichou, Loïc Linard, Benjamin Sierra, *La Course au microcrédit, 10 000 kilomètres à vélo à la rencontre de l'autre finance*, éditions du Rocher, 2011.

un livre écrit par les jeunes du projet "Finance tout terrain", sponsorisé par le département microfinance de BNP Paribas, dont je suis en charge. »

Microfinance ? Étonnant pour une si grande banque… À la fin de la réunion, je vais lui parler. Il me raconte qu'après plus de vingt ans passés dans la finance « classique », il est devenu intrapreneur social en créant, en 2006, le département microfinance chez BNP Paribas. À la fin de notre courte discussion, je lui glisse que je suis en année de césure et à la recherche d'un deuxième stage… Bingo, le département recrute un stagiaire tous les six mois ! Il me donne sa carte de visite et me propose de le recontacter un mois plus tard.

Mi-novembre, je pose ma candidature : je suis curieux de voir à quoi peut ressembler un département de ce type au sein d'une grande banque, et la finance solidaire m'intéresse aussi. Début janvier, après une série d'entretiens, Emmanuel me donne une réponse positive. L'essentiel de mon travail consiste à analyser des institutions de microfinance, pour déterminer si elles sont éligibles, sur les plans financier et social, à un financement de la part de BNP Paribas.

Ce département de microfinance fonctionne comme un *social business* : il n'a pas pour but de réaliser des bénéfices, mais il ne doit pas faire de pertes[83]. Lors de ces six mois, je me rends compte à quel point concilier rentabilité financière et impact social est passionnant, mais souvent difficile. Je découvre aussi le parcours d'un financier, devenu acteur de changement.

83 - C'est la définition que Muhammad Yunus donne d'un *social business*.

Diplômé de Sciences-Po, Emmanuel de Lutzel rejoint BNP Paribas en 1996 en tant que chargé de relations aux crédits export. Au début des années 2000, il commence à s'intéresser au microcrédit et devient bénévole pour l'Association pour le droit à l'initiative économique (ADIE), la première institution de microfinance en France, dont BNP Paribas est partenaire. En 2005, c'est l'année internationale du microcrédit : les médias parlent de plus en plus de cette révolution financière, et en novembre, Emmanuel lit un article du magazine britannique *The Economist*, intitulé « The Hidden Wealth of the Poor[84] » (« La richesse cachée des pauvres »). Il découvre le potentiel du microcrédit en termes de business et de responsabilité sociale pour une banque commerciale, et commence à réfléchir à un tel projet pour BNP Paribas : « Je me suis dit que le bénévolat c'était bien, mais que si l'on pouvait faire quelque chose dans notre business, ce serait encore mieux. » C'est un projet véritablement innovant : « La plupart des gens dans la banque avaient entendu parler de la microfinance avec l'ADIE, mais qu'on puisse faire de la microfinance à l'international, ce n'était pas du tout quelque chose que l'on pouvait imaginer, ce n'était pas sur les écrans radars », témoigne-t-il.

Commence son marathon au sein du groupe, qui compte à l'époque environ 110 000 collaborateurs : « J'ai mis à peu près six mois pour arriver jusqu'au sommet de la pyramide. Comme Diogène qui cherche un homme, j'ai toqué aux portes et de fil en aiguille, je suis allé voir une quarantaine de personnes. » À chaque fois, il rencontre le même enthousiasme, associé à la même réserve : « C'est un super projet, mais il faut que la direction générale décide. »

84 - Tom Easton, « The Hidden Wealth of the Poor », *The Economist*, 3 novembre 2005.

« Prenant mon courage à deux mains », raconte-t-il avec humour, il va donc frapper à la porte du directeur général délégué, qui lui octroie un quart d'heure. Il lui propose alors de présenter son projet au comité exécutif. Ce qu'il fera le 12 juin 2006. L'enjeu de sa présentation : « convaincre qu'il y a un véritable *business model* et qu'on peut financer des institutions de microfinance sans y laisser sa chemise ». Les prêts octroyés aux institutions de microfinance sont réalisés à prix coûtant ; les taux d'intérêt versés à BNP Paribas doivent simplement couvrir les dépenses de fonctionnement du département. Le projet fait l'unanimité. Emmanuel prendra en charge la création et la direction du département. Voilà, Emmanuel a « transformé son *hobby* en *job* », comme il aime à le dire. Une première équipe de deux personnes est logée au sein de BNP Paribas Banque Privée, dont le directeur général, François Debiesse, soutient le projet de microfinance. Une ironie qu'Emmanuel ne manque pas de rappeler : « Je suis logé à la banque privée, donc je suis chez les très riches pour m'occuper des très pauvres. »

Aujourd'hui, l'équipe centrale du département se compose de cinq employés, et une cinquantaine de personnes sont impliquées dans les pays où BNP Paribas exerce des activités de microfinance. En six ans, BNP Paribas a financé une quarantaine d'institutions de microfinance dans une quinzaine de pays, pour un montant total avoisinant les 200 millions d'euros. Mais pour Emmanuel, le principal critère de succès est qu'aujourd'hui, « BNP Paribas considère la microfinance [...] comme un outil majeur de lutte contre la pauvreté et l'exclusion. Nous explorons un domaine nouveau dans l'exercice de notre métier de banquier, tout en faisant du social[85] ».

85 - Julie Le Bolzer, « Employés : l'art d'entreprendre dans sa boîte », Lexpress.fr, 2 janvier 2013.

Le projet d'Emmanuel est donc devenu un projet collectif. Il a généré tant d'énergie et d'enthousiasme que deux ONG sont nées dans la foulée : l'une à l'international, Microfinance sans frontières, qui apporte une assistance technique aux institutions de microfinance grâce à l'engagement de 400 bénévoles, principalement des salariés et retraités de BNP Paribas ; l'autre en France, Bénévolat de compétences et de solidarité (BCS), qui compte environ 800 bénévoles et aide des microentrepreneurs, financés par l'ADIE, à réaliser leurs projets.

■■■

Comment Emmanuel de Lutzel a-t-il réussi à faire évoluer la banque de l'intérieur ? Il résume les obstacles rencontrés en trois *i* : *ignorance, inertie, impatience*.

- Ignorance vis-à-vis du secteur de la microfinance : « Comprendre un modèle économique hybride avec un fort impact social est une révolution pour beaucoup de financiers qui restent dans les deux dimensions classiques de la finance : le risque et la rentabilité[86]. » Il lui a donc fallu prouver la viabilité du *business model*.
- Inertie d'un grand groupe, au sein duquel il a fallu convaincre un nombre important d'interlocuteurs, avant de faire valider le projet par la direction.
- Impatience de certains interlocuteurs, qui ont tendance à réclamer des résultats rapides pour communiquer, au détriment de la maturation lente, mais nécessaire, du projet.

86 - Emmanuel de Lutzel, « Ce que l'épargne solidaire peut apprendre de la microfinance », Lexpress.fr, 7 juin 2013.

Comment surmonter ces obstacles propres à l'entrepreneuriat social ? Il faut, selon Emmanuel de Lutzel, savoir lire, écrire et compter. Lire pour bâtir une expertise sur son sujet. Écrire pour communiquer sur son projet, et, en particulier, trouver des soutiens en interne. Compter, afin de construire un *business plan* et passer du rêve à la réalité. Une autre faculté à ne pas négliger non plus, celle d'équilibriste, à laquelle il s'exerce encore : « On est un peu comme le funambule entre deux abîmes : d'un côté, l'abîme du supercapitalisme avec la recherche du profit ; de l'autre, l'illusion sociale, dans un monde de bisounours où tout le monde, il est beau, tout le monde, il est gentil. Toute la difficulté est de trouver cet équilibre[87]. »

Avant ce stage, je doutais de la possibilité d'innover socialement au sein d'un grand groupe, surtout dans le monde de la finance. Pourtant, le parcours d'Emmanuel témoigne du contraire : « Cela fait trente ans que je travaille dans la finance mais j'ai gardé mes convictions d'étudiant, notamment celle que chaque individu, là où il est, peut contribuer à changer le monde à son échelle. Comme je suis dans une banque dont le slogan est "La banque d'un monde qui change", je me dis que "la banque d'un monde qui change" peut aussi contribuer à changer un peu le monde. » Son nouveau défi ? Développer le *social business* au sein de la banque, c'est-à-dire le financement d'entreprises à fort impact social. Fidèle à sa devise – « Tout change, seul le changement ne change pas » –, Emmanuel n'a pas fini de faire bouger de l'intérieur l'une des plus grandes banques du monde.

87 - Radio Ethic, 26 janvier 2012.

Mettre à profit l'expertise d'une multinationale pour les besoins des plus démunis

Portrait de Gilles Vermot-Desroches, Schneider Electric, France

Janvier 2012, Paris

Nous sommes en pleine recherche de financements : dans neuf mois, nous partons aux Philippines, puis en Inde et au Sénégal. Nous avons déjà identifié les entrepreneurs avec lesquels nous voulons travailler, mais il nous manque les financements pour concrétiser le projet ! Le « démarchage » est donc notre priorité. Nous y passons soirs et week-ends. Fondations, bourses, concours, subventions publiques, subventions d'entreprises : nous frappons à toutes les portes en envoyant des mails personnalisés à la centaine de contacts du listing que nous avons constitué depuis six mois.

Souvent, pas de réponse. Parfois, une réponse négative sympa et argumentée, ce qui paradoxalement nous réjouit et nous redonne du courage : quelqu'un a pris le temps de regarder notre dossier. Alors, une réponse positive a une saveur de victoire pour nous. Ce 2 février 2012, c'est l'euphorie. Le directeur développement durable de Schneider Electric accepte de nous rencontrer. Schneider Electric est le *leader* mondial du management de l'énergie. L'entreprise est présente dans 150 pays, avec plus de 250 usines partout dans le monde. Comptant plus de 120 000 collaborateurs, elle génère un chiffre d'affaires d'environ 20 milliards d'euros par an. Il nous écrit :

Félicitations pour ce projet. Dossier passionnant.
On peut se rencontrer.
Après il va falloir se poser une question :

vous avez choisi des entrepreneurs sociaux très loin de l'accès à l'énergie, ce qui ne va pas dans le sens d'un soutien par Schneider Electric.
Si vous évoluez dans ce sens, alors il peut y avoir un intérêt à se rencontrer.
Bien à vous,

Gilles Vermot-Desroches

Effectivement, dans le dossier que nous avons envoyé, nous parlons de trois entrepreneurs sociaux : le premier dans le logement aux Philippines, le deuxième dans l'agriculture durable en Inde, le troisième dans l'alimentation au Sénégal. Aucun dans l'accès à l'énergie. Or, nous avons très bien compris les conditions de Schneider Electric pour un éventuel soutien.

Dès lors, il y a une solution : transformer notre mission avec Gawad Kalinga. Nous savons que les énergies vertes, accessibles à tous, intéressent les Philippines en général, et Gawad Kalinga en particulier. Mais dans ce cas, il nous faut être crédibles. Comment faire pour parler d'un domaine que nous connaissons à peine ? Eurêka : nous viendrons accompagnés d'Antonio Meloto, le fondateur de l'ONG philippine, à l'occasion de l'un de ses passages en Europe !

L'occasion en question se présente quelques semaines plus tard. Antonio Meloto a prévu de se rendre à Oxford début avril pour recevoir le prix de l'entrepreneur social de l'année, qui vient de lui être décerné par la Skoll Foundation. Après son passage au Royaume-Uni, il passera quelques heures à Paris, avant de retourner aux Philippines. Nous organisons la rencontre avec Schneider Electric. Par chance, tout se goupille bien.

Jeudi 5 avril

Nous avons rendez-vous pour un déjeuner à 13 heures au siège de Schneider Electric à Rueil-Malmaison, en banlieue parisienne. À peine arrivés, nous montons au premier étage, pour prendre place dans une grande salle à manger. Nous sommes sept autour de la table. Côté Schneider Electric : Gilles Vermot-Desroches, directeur du développement durable, accompagné de Rémi Deveaux et de Thomas André, chefs de projet « accès à l'énergie ». Côté Gawad Kalinga : Antonio Meloto et Olivier Girault, président de Gawad Kalinga Europe. Et nous deux.

Nous faisons un tour de table pour que chacun se présente. Nous découvrons le « diesel » Tony. Encore somnolent au début du déjeuner, épuisé par ses longs trajets, il retrouve son énergie et sa passion lorsqu'il s'agit de parler de ce qui le fait vibrer : « Mon nom est Antonio Meloto. Mon rêve est d'éradiquer la pauvreté dans mon pays d'ici 2024. Je travaille tous les jours à cela. »

Gilles Vermot-Desroches conclut le tour de table. Il se présente à son tour. Diplômé de l'école d'ingénieur des technologies de l'information et de la communication de Paris et titulaire d'une licence en philosophie, il commence sa carrière comme dirigeant d'ONG, puis comme conseiller ministériel, membre du haut conseil à la vie associative et du comité national du développement durable et du Grenelle de l'environnement. Il rejoint Schneider Electric en 2008 comme directeur de la fondation, puis devient directeur du développement durable deux ans plus tard. Dans ce cadre, il lance en 2009 un programme d'accès à l'énergie pour tous, le programme *BipBop*. Un nom amusant pour un projet très sérieux : de l'accès à l'électricité dépend la satisfaction de nombreux besoins, comme l'alimentation (réfrigération, cuisson des aliments), les moyens de communication (rechargement de téléphones portables), la santé (conservation de produits pharmaceutiques), le développement économique (conservation de produits pour les vendre, pompe à eau pour exploitation agricole), la sécurité (réduction de l'insécurité grâce à la lumière), etc. Seulement, aujourd'hui, 1,4 milliard d'habitants de la planète, dont 85 % vivent en zones rurales, n'ont pas accès à l'électricité, et ce nombre risque d'augmenter avec la croissance de la population mondiale.

BipBop est le diminutif de « *Business, Innovation and People at the Base of the Pyramid* ». Ce triptyque, *Business, Innovation* et *People*, cherche à dépasser une à une les limites du modèle classique :

- Dans le volet *Business*, Schneider Electric pilote un fonds d'investissement soutenant des jeunes entreprises innovantes qui contribuent à l'électrification des territoires ;
- La partie *Innovation* a pour but le développement d'une gamme de solutions adaptées à différentes situations de pauvreté. Le produit le plus connu est le système d'éclairage à bas prix In-Diya – initialement lancé en Inde, d'où le jeu de mot –, composé d'une lampe, d'une batterie et d'un mini-panneau solaire. « Ce kit est bien sûr vendu au prix le plus bas possible, parfois par le biais du microcrédit, notamment au Bangladesh où nous sommes partenaires de Grameen », précise Gilles Vermot-Desroches ;
- Enfin, la composante *People* prend la forme d'un programme philanthropique visant à former des jeunes aux métiers de l'électricité. « Ce qui manque le plus, dans

les pays concernés, ce sont en effet les compétences », justifie Gilles. L'objectif est de former jusqu'à 10 000 personnes par an.

Il conclut en rappelant les quatre axes principaux de sa démarche : « former, investir, inventer de nouveaux produits et enfin développer des partenariats ». Ça tombe bien, nous sommes venus le voir pour cela.

Le déjeuner dure plus d'une heure et demie. Conclusion de cette première entrevue : Gilles Vermot-Desroches et Antonio Meloto ont envie de faire des choses ensemble. L'accès à l'énergie durable pour tous est un enjeu de taille pour Gawad Kalinga, qui a besoin de l'expertise d'un grand groupe concernant ces questions. Pour le programme *BipBop* de Schneider Electric, Gawad Kalinga, ses 2 000 villages et son million de bénéficiaires représentent une grande opportunité. L'entreprise a lancé des projets en Inde, au Vietnam, au Sénégal, à Madagascar... mais pas encore aux Philippines. À la fin du déjeuner, Tony nous délègue la suite : « Jonas et Matthieu seront nos ambassadeurs pour ce partenariat. »

Octobre 2013, Dupax Del Norte, Philippines

Après avoir reçu une formation aux produits *BipBop* en juillet, nous nous envolons vers les Philippines fin septembre. Nous avons bien compris l'enjeu : si nous voulons que le partenariat entre Schneider Electric et Gawad Kalinga aille plus loin, il nous faut avancer sur deux objectifs précis pendant nos trois mois sur place. Premièrement, il s'agit de réfléchir à un modèle économique viable, adapté à la situation des Philippines, qui permette de rembourser l'investissement de départ. Nous procédons alors à un rapide état des lieux des besoins en énergie et des capacités de paiement des habitants dans différents villages Gawad Kalinga. Deuxièmement, si les objectifs du programme *BipBop* sont fixés au siège, les initiatives doivent être prises et réalisées par les filiales locales. Notre rôle est donc de mobiliser les équipes locales de Schneider Electric et de Gawad Kalinga. Nous organisons différentes réunions de travail, dont une avec le directeur général de Schneider Electric Philippines, Antonio Meloto et leurs équipes. À l'échelle locale aussi, le courant semble passer.

Nous avons pourtant du mal à identifier les interlocuteurs qui pourraient prendre en charge le projet des deux côtés. Plusieurs fois, l'ONG et la multinationale peinent à se comprendre, leur langage n'étant pas le même : l'une parle de vision, l'autre de *process*... À plusieurs reprises, nous nous sommes dit que le projet allait capoter, et nous ne sommes pas passés loin d'abandonner. Mais derrière nous, Olivier Girault, président de Gawad Kalinga Europe, n'a cessé de nous encourager. Schneider Electric a, de son côté, envoyé Rémi Deveaux, chef de projet *BipBop*, rencontrer les responsables de Gawad Kalinga aux Philippines. Bénédicte Faivre-Tavignot, directeur exécutif de la chaire Social Business d'HEC, qui avait mis en relation Franck Riboud et le professeur Yunus quelques années auparavant, a aussi joué un rôle-clé en tant qu'intermédiaire entre les deux organisations. Ce projet fou a finalement porté ses fruits.

29 août 2013, HEC, Jouy-en-Josas, université d'été du MEDEF

Aujourd'hui est un grand jour. Un an et cinq mois après leur première rencontre, Schneider Electric et Gawad Kalinga signent un partenariat centré sur quatre projets : la production et la gestion intelligente de l'énergie pour les Fermes enchantées de Gawad Kalinga ; un accompagnement des agriculteurs, notamment via des solutions de pompage solaire de l'eau ; la formation et l'accompagnement d'entrepreneurs locaux afin d'assurer, sur le long terme, la maintenance, le développement et la vente des produits et des solutions dans le domaine électrique ; enfin, l'électrification de villages isolés, de coopératives ou d'installations ayant un besoin continu d'énergie[88].

Nous avons l'honneur d'être conviés à la signature et de figurer sur la photo officielle aux côtés de Jean-Pascal Tricoire, président du directoire de Schneider Electric, et d'Antonio Meloto. Signer un partenariat en faveur de l'accès à l'énergie des plus démunis lors de l'université d'été du MEDEF sur le campus d'HEC, tout un symbole...

Deuxième enseignement :

Deux grands types d'intrapreneurs sociaux existent : celui qui a une idée et se bat pour la faire accepter par son entreprise – comme Emmanuel de Lutzel chez

88 - Communiqué de presse de Schneider Electric, « Schneider Electric et l'ONG Gawad Kalinga signent un partenariat pour développer l'accès à l'électricité et aux services associés aux Philippines », 29 août 2013.

BNP Paribas – et celui qui est choisi pour développer un programme d'intrapreneuriat social dans son entreprise – comme Emmanuel Marchant chez Danone. Dans les deux cas, l'intrapreneur social doit parfaitement connaître le monde de l'entreprise – et la culture de son entreprise en particulier –, ce qui peut parfois nécessiter des années d'expérience.

L'intrapreneuriat social présente l'avantage de surmonter deux contraintes de l'entrepreneuriat social : il permet un changement d'échelle plus rapide des solutions grâce aux ressources importantes de l'entreprise, et garantit un salaire à l'intrapreneur social. Mais encore faut-il en avoir l'opportunité ! Les projets d'innovation sociale dans de grands groupes restent marginaux en termes de taille. Chez Danone, Schneider Electric et BNP Paribas, qui comptent respectivement 100 000, 120 000 et 200 000 employés, ces départements représentent chacun grosso modo une dizaine de collaborateurs, soit pas grand-chose. Les places sont donc rares, même si de plus en plus d'entreprises – le Crédit agricole, Veolia, Renault, Leroy Merlin – se montrent désireuses de développer, en leur sein, l'intrapreneuriat social, qu'elles considèrent comme un futur enjeu de compétitivité.

Alors voilà un beau challenge : qui deviendra le premier intrapreneur social chez Goldman Sachs, Monsanto ou McDonald's ? *Challenge accepted ?*

L'INFRAPRENEUR SOCIAL AGIT EN AMONT ET DÉVELOPPE L'INFRASTRUCTURE

Dans un article publié sur FastCoExist, John Elkington (encore lui !) et Charmian Love développent le rôle de ceux qu'ils appellent « infrapreneurs sociaux » : « Comme leurs cousins entrepreneurs et intrapreneurs, les infrapreneurs mobilisent des ressources pour résoudre des problèmes et rechercher des solutions innovantes. Mais au lieu de se consacrer à la création d'une nouvelle organisation, comme le font les entrepreneurs, ou d'impulser du changement au sein d'une grande organisation, comme le font les intrapreneurs, ils agissent au niveau systémique[89]. »

Le néologisme « infrapreneur » n'est certes pas encore beaucoup utilisé. Il est le fruit d'un croisement entre « entrepreneur » et « infrastructure » : autrement dit, les infrapreneurs sociaux ont pour rôle de développer l'écosystème de l'innovation sociale, de soutenir et de mettre en réseau ceux qui agissent, de mettre en lumière ces pionniers. Les infrapreneurs sociaux n'agissent donc pas directement sur un problème particulier : journalistes, professeurs, chercheurs, hommes politiques, lobbyistes, créateurs d'incubateurs et de réseaux, ils « aident ceux qui aident ».

Deux infrapreneurs sociaux – ils ne se présentent pas comme cela ! – nous ont particulièrement marqués : Christian de Boisredon en France, et Shashank Mani en Inde.

89 - John Elkington, Charmian Love, « Social Intrapreneurs Are Just as Important as Entrepreneurs », FastCoExist.com, 23 octobre 2012.

Le rôle des médias

Portrait de Christian de Boisredon, Sparknews, France (par Jonas)

30 juin 2011, boulevard Voltaire, Paris 11e

Je rentre aujourd'hui à Paris, après une année d'études sur le campus de l'ESCP Europe à Londres. Mon train arrive vers 19 heures, gare du Nord ; pas le temps de repasser chez moi car je dois participer à un hold-up, boulevard Voltaire, à 19 h 30. Un hold-up ? C'est le terme utilisé par MakeSense – une communauté de 600 jeunes passionnés par l'innovation sociale – pour définir un brainstorming innovant organisé pour résoudre le défi d'un entrepreneur social. Lors d'un hold-up, entre 8 et 15 personnes se rassemblent pour faire émerger des idées en suivant une méthodologie bien précise.

Ce 30 juin, je veux absolument participer à ce hold-up à Paris, car l'entrepreneur social en question est Christian de Boisredon. Diplômé de l'AgroParisTech, et lassé des mauvaises nouvelles dans les médias, il décide en 1997 de réaliser un tour du monde avec deux amis, pour découvrir et partager des initiatives sociales porteuses d'espérance. C'est le premier tour du monde thématique sur ce sujet. Pendant toute leur aventure, leur blog (un des premiers blogs !) est visité par des milliers d'internautes. À leur retour, ils publient un livre, *L'Espérance autour du monde*[90], qui devient un best-seller traduit dans plusieurs langues. Son projet nous a beaucoup inspirés, et nous voulons donc à tout prix le rencontrer.

90 - Christian de Boisredon, Nicolas de Fougeroux, Loïc de Rosanbo, *L'Espérance autour du monde*, Presses de la Renaissance, 2000.

J'arrive donc au fameux hold-up boulevard Voltaire avec toutes mes valises. Après un petit rafraîchissement bienvenu, nous nous installons autour d'une grande table où Christian présente son projet et son défi. Il commence par un constat simple : les médias parlent surtout des problèmes, mais peu des solutions qui mériteraient d'être mieux connues, soutenues et dupliquées. Souvent, les solutions se noient dans un océan de problèmes : comme dit le proverbe, « Un arbre qui tombe fait beaucoup de bruit... Mais une forêt qui germe, on ne l'entend pas. » Son projet, donc : créer une plateforme sur internet qui agrège et valorise les vidéos – professionnelles et amatrices – présentant ces trouvailles. Une sorte de *« Youtube of Solutions »*, comme il le définit. Le but du hold-up : trouver un nom pour le site internet.

Après deux heures d'intense remue-méninges, un nom ressort de la discussion : Sparknews. *To spark* signifie « éveiller », « susciter » : les reportages doivent éveiller l'intérêt des internautes et susciter l'action. *Spark* veut aussi dire « étincelle » – une étincelle qui permet aux solutions « d'exploser » et d'être dupliquées partout dans le monde. Le nom sera retenu par Christian. Le butin du hold-up est satisfaisant. À la fin, je vais voir Christian, lui présente brièvement notre projet, et lui dis que nous aimerions bénéficier de ses conseils. Très gentiment, il nous invite à déjeuner chez lui. Quelle simplicité !

■■■

Fin juillet, donc, Matthieu et moi arrivons chez Christian. Entre deux tartines de rillettes et quelques tranches de saucisson, nous posons toutes nos questions à ce voyageur pionnier. Nous commençons par lui demander ce que son périple lui a apporté. De l'espérance, nous répond-il simplement :

« [Ce voyage] nous a convaincus qu'il y avait toujours une solution. Même ensablés, il faut creuser encore pour trouver l'espérance », écrit-il dans l'épilogue de son livre.

De l'espérance, et une vocation, celle d'entrepreneur social, chargé de développer le « journalisme à impact » – en anglais, l'*impact journalism* –, qui a deux rôles : « alerter le public en "portant la plume dans la plaie", comme disait Albert Londres [et] donner les moyens d'agir, en relayant les solutions[91] ».

Le parcours d'entrepreneur social – ou, plus précisément, d'infrapreneur social – de Christian commence en 2003. Alors qu'il est encore consultant chez BearingPoint, il cofonde Reporters d'espoirs. Cette ONG reconnue d'intérêt général a pour mission d'encourager les médias à parler des solutions en leur fournissant du contenu, et en prouvant que parler des solutions, ça marche ! Christian nous donne un exemple avec le quotidien *Libération*. Intéressé par la démarche mais sans attente vis-à-vis de son succès commercial, le directeur de la rédaction propose en 2008 à l'équipe de Christian de rédiger l'un de leurs numéros... celui du 26 décembre, jour où les ventes sont habituellement les plus faibles de l'année. Résultat : le « Libé des solutions » sera la meilleure vente de l'année pour le quotidien, et l'opération sera renouvelée pendant plusieurs années avec succès ! Après Reporters d'espoirs, Christian s'apprête à lancer Sparknews en 2012.

Il regarde sa montre, il est déjà presque 15 heures. Le déjeuner est passé très vite, cela fait plus d'une heure que nous discutons. Nous n'avons pas eu le temps de poser le

91 - Isabelle Hennebelle, Margaux Kayser, « Les médias contribuent-ils à changer le monde ? », Lexpress.fr, 15 janvier 2013.

tiers de nos questions, mais c'est sûr, nous le recroiserons et suivrons avec attention l'évolution de Sparknews.

Juillet 2013, Paris

Peu après la fin de nos missions et notre retour à Paris, nous retrouvons Christian autour d'une bière lors d'une soirée sur… les voyages solidaires. Il nous raconte ce que Sparknews est devenu.

Le lancement officiel de Sparknews a eu lieu le 31 mai 2012 dans le cadre du GEN[92] News World Summit à Paris, devant 400 rédacteurs en chef étrangers. Aujourd'hui, plus de 1 200 reportages sont répertoriés sur le site et classés en une vingtaine de chaînes thématiques : agriculture, éducation, nouvelles technologies, eau, alimentation, paix, énergie, santé. Tout le monde peut partager des reportages sur la plateforme, et l'équipe de Sparknews s'assure qu'ils correspondent bien au but du site. Le reportage préféré de Christian ? Une vidéo, réalisée par Shamengo[93], présentant l'histoire d'un Hollandais qui a créé Focus on Vision, une entreprise sociale qui commercialise dans les pays en développement des lunettes universelles utilisables à vie et coûtant entre deux et cinq euros. Ces lunettes, ajustables grâce à une molette, conviennent à 93 % du milliard de personnes ayant besoin de lunettes dans le monde.

92 - Global Editors Network.

93 - Shamengo, « Jan In't Veld : Focus on Vision », 2011.

À côté de la plateforme internet, Christian a lancé en juin 2013 l'*Impact Journalism Day*[94] : le même jour, 22 journaux dans 20 pays ont publié un supplément sur les solutions qui changent le monde. En France, c'est le quotidien *Le Monde* qui a publié le 24 juin un supplément de huit pages sur les acteurs de changement. L'impact potentiel : 50 millions de lecteurs dans le monde entier. Un exemple d'impact concret : en lisant un article sur Focus on vision publié dans le principal quotidien de Singapour, le responsable RSE d'Essilor, numéro un mondial en matière de verres correcteurs, a découvert cette initiative incroyable et a décidé de la soutenir. En 2014, Christian prévoit de rassembler 40 journaux *leaders* dans 40 pays… Affaire à suivre !

Christian de Boisredon favorise le développement et l'essaimage d'innovations sociales, via les médias : « Ce sont souvent des initiatives rapportées par les médias qui ont incité les gens à se mettre en marche », explique-t-il. Dans son entourage, il peut même citer un exemple bien précis. Lors de son tour du monde en 1997, il rencontre Laurent Marbacher, un coopérant français au Chili, qui souhaite aider durablement des familles vivant dans les bidonvilles, mais ne sait comment s'y prendre. Un jour, à la fin des années 1980, en lisant *Le Monde*, il découvre un des tout premiers articles sur Muhammad Yunus, la Grameen Bank, et le microcrédit. Séduit par cette idée, il décide de la dupliquer et de lancer la première institution de microfinance au Chili. En trente ans, celle-ci a permis la création de près de 100 000 emplois… Cela simplement parce qu'un jour, un journaliste a décidé d'écrire un article sur le microcrédit.

94 - Jour du journalisme à impact.

Donner l'envie d'entreprendre pour son pays

Portrait de Shashank Mani, Jagriti Yatra, Inde (par Matthieu)

22 décembre 2012, entre les Philippines et l'Inde

Nous terminons notre première mission avec Gawad Kalinga aux Philippines. Dans quatre jours commence à Mumbai le Jagriti Yatra, tour de l'Inde en train pour rencontrer des entrepreneurs sociaux d'exception, pour lequel j'ai eu la chance d'être sélectionné. Je dis au revoir à Jonas qui reste aux Philippines pour passer les fêtes en compagnie d'Antonio Meloto. Nous nous retrouverons dans quinze jours à Delhi pour notre seconde mission.

Aéroport de Manille. Je quitte l'archipel philippin avec un pincement au cœur, vite contrebalancé par mon immense excitation de monter dans quelques heures dans le Jagriti Yatra. Escale à Kuala Lumpur. Arrivée à Mumbai en plein milieu de la nuit. Après une heure à attendre mes bagages sur le tapis roulant, je dois me rendre à l'évidence : mon sac à dos a préféré rester à Kuala Lumpur… Je remplis des tonnes de papiers pour décrire le bagage manquant. On me donne un numéro à appeler pour savoir quand il arrivera. « Peut-être demain, peut-être après-demain », me dit-on. Problème : après-demain, je serai déjà loin de Mumbai… Vouloir affronter les températures du nord de l'Inde, avoisinant le 0° C, avec mon seul jean et mon t-shirt sale me paraît assez présomptueux. Il ne me reste qu'à attendre et prier pour que mon sac arrive à temps. Nouveau défi avant d'aller enfin me coucher : retirer quelques rupees indiennes. Je mettrai plus d'une heure, mes deux banques françaises me refusant de tirer de l'argent en Inde. À 3 heures du matin, j'arrive enfin à mon « hôtel », encerclé par un bidonville.

23 décembre 2012, Mumbai, ouest de l'Inde

Le lendemain matin, le réveil est assez difficile. Je ne peux pas me changer, et même pas prendre de douche : pas de savon ou de serviette à disposition. J'avale mon « petit déjeuner » : deux tranches de pain mouillé, sans beurre, sans rien. Je demande à emprunter le téléphone de l'hôtel miteux dans lequel je loge pour composer le numéro que l'on m'a laissé à l'aéroport. Impossible : la touche « 8 » de l'appareil ne fonctionne pas et le numéro de téléphone en comporte deux... Et il n'est pas envisageable en Inde d'acheter un téléphone portable sans de nombreux papiers. À 18 heures, on frappe à ma porte. J'ouvre, un énorme sac gît au sol. Miracle ! Mon sac est arrivé ! JagritiYatra, me voilà !

Je ne suis jamais venu en Inde. Je n'y ai jamais pris un train. Je m'embarque pour une aventure de 8 000 kilomètres et 15 nuits en train-couchette, sans trop savoir où je mets les pieds. Au fond de moi, je me dis qu'il y a derrière tout cela une forme de destin. Je *devais* participer au JagritiYatra, et cela *devait* être infiniment difficile.

■■■

24 décembre 2012. Départ de Mumbai

C'est le jour J. Un train, 12 destinations, 15 entrepreneurs sociaux, 450 participants de 20 à 25 ans, 8 000 km. Inspiré par le tour de l'Inde en train de Gandhi en 1915 pour mieux comprendre les besoins de son pays, le « JagritiYatra », ou « voyage-éveil », a pour but de faire découvrir aux jeunes Indiens la réalité de leur pays, et de les inciter à entreprendre.

Parmi les participants, 425 Indiens de toutes les régions du pays, et 25 étrangers. Je fais partie de ces 25 chanceux. Nous formons à la fois un ensemble d'une grande diversité et une unité. Nous sommes tous là pour les mêmes raisons : découvrir la « vraie Inde », mieux comprendre le modèle de l'entrepreneuriat social, rencontrer des jeunes partageant la même vision, mieux nous connaître. Chacun de nous rêve d'une carrière utile, dans le monde de l'entreprise. Questionnant les modèles préétablis, nous étions marginaux dans nos entourages, entreprises ou écoles. Ici, nous sommes une force de 450 jeunes passionnés.

À 18 heures, le fondateur du JagritiYatra, Shashank Mani, nous accueille. Le moment est solennel. Il rappelle le but de ces quinze jours : « Le Jagriti Yatra est un voyage de transformation pour faire de chacun des participants un entrepreneur, créateur plutôt que demandeur d'emploi. » Cet éveil entrepreneurial a pour objectif la création d'entreprises soucieuses de construire une Inde meilleure. Il s'agit de mettre en place des solutions holistiques, durables, non gouvernementales, complémentaires, collaboratives, inclusives et suceptibles d'être dupliquées à grande échelle. «Vous avez été sélectionnés parmi 18 000 candidats pour vos capacités à rêver, à penser différemment et pour votre énergie », nous dit Shashank.

Le ton est donné : « Le pays regarde, le pays attend », nous annonce-t-il. Monter dans le JagritiYatra est une chance unique, mais aussi une responsabilité : chacun devra, au retour, amener du changement dans sa communauté.

Minuit. Une clameur incroyable s'élève. Pas pour fêter Noël, mais pour célébrer l'arrivée du fameux train à quai. Un train-couchette est privatisé pour l'occasion, et surtout aménagé pour le tour : des compartiments sont transformés en cuisine, en salle de bains, en salle de conférence... Direction notre compartiment-couchette avec mes compagnons d'aventure rencontrés le matin. Abhinav, Arun, Pranjal, Rohit, Sharan, Sudhir, derrière ces prénoms que je mettrai quinze jours à retenir se cachent mes six « colocs » pour cette aventure. Nous partagerons repas – douloureusement – épicés, blagues et surtout idées, dans notre 6 m^2 roulant.

25 décembre. Un Noël pas comme les autres, entièrement passé dans le train. Nous sommes invités à partager nos « lignes de vie » : en cinq minutes, chacun présente sur un graphique les événements marquants de sa vie, ses hauts et ses bas. J'apprends à connaître mes compagnons d'aventure : Harsh est un jeune écrivain de best-sellers, Shashank prépare l'équivalent indien de l'ENA, Sudhir a commencé à travailler à 6 ans dans une usine, pour payer sa scolarité… C'est aujourd'hui un chef d'entreprise reconnu.

■■■

Le voyage est rythmé par les visites de ceux qu'on appelle des *role models*, c'est-à-dire des personnes exemplaires et inspirantes. Mais pas n'importe lesquelles. Si l'on estime que les entrepreneurs sociaux, qui œuvrent pour l'intérêt général en prenant un risque individuel, sont des héros, ceux du Jagriti Yatra sont des superhéros. Du mythique Aravind Eye Care à l'incontournable Barefoot College, en passant par Goonj ou Naandi, toutes ces organisations ont été créées par des entrepreneurs sociaux qui ont su défier le statu quo et améliorent aujourd'hui les conditions de vie de millions de personnes. Ils sont visionnaires, inspirants, abordables : comment ne pas avoir envie de leur ressembler ?

Avec une remarquable proximité, chacun d'eux prend le temps de revenir sur les difficultés et les joies du métier d'entrepreneur social, ainsi que sur les raisons de son succès. Assez vite, il nous apparaît qu'être entrepreneur n'est pas si complexe que cela : il « suffit » de trouver une bonne idée, de se concentrer sur elle, de bien s'entourer, de communiquer sa passion... L'argent viendra dans un second temps !

Chaque visite est conclue par l'hymne du Jagriti Yatra, chanté et dansé par tous les participants. Le refrain du «Yaaron Chalo », qui signifie « En avant les amis ! », composé par un des compositeurs de Bollywood les plus connus, résonne encore en moi :

« *Certaines choses sont en train de changer, et d'autres nous allons changer.*
Ces choses ne changeront que lorsque nous aurons changé nous-mêmes.
Certaines choses sont écrites, et d'autres nous allons écrire.
En avant les amis, c'est le temps du changement !
En avant les amis, c'est le temps du progrès ! »

À chaque fois que je le réécoute, ce «Yaaron Chalo » me donne des frissons : il me rappelle ma responsabilité, et les rêves et valeurs que je partage avec des compagnons de route à l'autre bout du monde.

28 décembre, Madurai, sud de l'Inde. Nous visitons aujourd'hui notre septième entreprise sociale, Aravind Eye Care, l'hôpital ophtalmologique le plus performant du monde. L'établissement a réussi l'incroyable exploit de faire passer le coût de l'opération de la cataracte de 200 à 5 dollars. Et ce n'est pas tout : afin de mettre la santé à la portée de tous, Aravind Eye Care offre des soins gratuits aux deux tiers de ses patients. En commençant très modestement avec 11 lits à Madurai, le modèle a fait ses preuves et a été copié dans plusieurs pays du monde, permettant la réalisation de 32 millions d'opérations en trente-six ans. Je sors de cette visite avec une certitude : l'impossible est temporaire.

Minuit, 31 décembre. Ambiance surnaturelle, 450 jeunes surexcités essaient de se frayer un passage vers les deux wagons centraux du train, transformés pour l'occasion en piste de danse. Ressemblance troublante avec un disco-train de week-end d'intégration, à la différence qu'ici, il n'y a pas d'alcool.

2 janvier, Patna, nord-est de l'Inde. Le terrain suscite l'empathie. Nous sommes aujourd'hui dans la région la plus pauvre de l'Inde. Nous visitons une école Montessori, dans les bidonvilles de Patna, qui donne gratuitement des cours de rattrapage aux enfants chiffonniers… À la sortie, nous croisons, dans la rue, un chiffonnier de 6 ou 7 ans, pieds nus, clope au bec, un sac de plusieurs dizaines de kilos de déchets sur le dos. Il reste encore tant à faire.

3 et 4 janvier, Deoria, nord de l'Inde. Déjà dix jours et onze *role models* rencontrés. Après l'écoute et l'inspiration, place à l'action avec une compétition de création d'entreprise soutenue par Google. Notre mission pour les deux jours à venir : développer un prototype d'entreprise sociale pour accélérer le développement économique et social d'un village reculé de l'Uttar Pradesh, où nous allons passer deux jours. Des équipes se forment en fonction des intérêts des participants et des besoins de la région : agriculture, eau, éducation, énergie, industries, nouvelles technologies, santé… Mon projet n'est pas retenu, mais les meilleures équipes reviendront sur place trois mois plus tard pour lancer des pilotes.

6 janvier, Delhi, nord de l'Inde. Visite de l'avant-dernier *role model*. Zéro degré, nous sommes congelés. Anshu Gupta, fondateur de Goonj, entreprise sociale de collecte et de revalorisation de vêtements pour les plus démunis, nous réchauffe en nous exhortant : « Le monde n'a plus besoin de penseurs, il a besoin de gens qui agissent ! » Cette phrase me marque profondément, elle devient ma nouvelle devise.

■■■

8 janvier, Mumbai. Nous voilà de retour à Mumbai. Ces quinze jours ont constitué un voyage intérieur, à explorer nos propres rêves, nos envies et nos talents, en essayant de les croiser avec les besoins de la société. Le premier jour de l'aventure, un grand colonel de l'armée indienne nous confiait : « Je veux vous féliciter, tous, parce que vous êtes en train d'écrire l'histoire… de votre vie. » Si le Jagriti Yatra 2012 s'achève aujourd'hui, mon Jagriti Yatra – mon parcours pour devenir entrepreneur de ma vie et entrepreneur *pour* la société – débute.

Avant de quitter mes nouveaux amis, j'ai envie d'en savoir plus sur la personne qui se cache derrière le Jagriti Yatra. Shashank Mani a la gentillesse de me consacrer quelques minutes. Il me raconte son parcours. Diplômé du prestigieux Indian Institute of Technology de Delhi, et titulaire d'un MBA de l'université de Lausanne, il a habité, au gré de ses différentes expériences professionnelles en tant que consultant, des pays aussi variés que l'Inde, le Yémen, Singapour, le Nigéria, la Suisse, l'Écosse et aujourd'hui le Royaume-Uni. Les racines du Jagriti Yatra ? L'idée émerge en 1997, à Londres, l'année du cinquantième anniversaire de l'indépendance de l'Inde. Shashank a alors 32 ans, et il se donne le défi fou d'organiser en neuf mois un tour de l'Inde en train pour 200 jeunes, pendant vingt-deux jours. Lorsque sa femme Gauri, enceinte de trois mois, prend conscience à quel point ce projet est irréalisable, elle décide de le rejoindre dans son aventure. D'autres proches montent à bord très vite. Shashank travaille à ce rêve en plus de son travail. Il avoue : « Ce projet m'a donné une énergie comme rarement dans ma carrière. »

Trouver des sponsors est peu aisé… Il se démène pendant de longs mois et parvient in extremis à réunir les financements nécessaires, ainsi qu'à convaincre l'Indian Railways de le soutenir. Shashank lance dans la presse une campagne de communication nationale, pour attirer les éventuels participants. Le jour de l'ouverture des inscriptions, sa belle-mère, réquisitionnée pour l'occasion, reçoit un déluge d'appels. Pendant trois jours, le téléphone ne s'arrête littéralement pas de sonner. « C'était comme si la moitié de l'Inde voulait prendre part à l'aventure ! » sourit Shashank, qui n'en revient toujours pas.

Dès le départ, le projet est critiqué : l'argent dépensé dans le Jagriti Yatra aurait pu, par exemple, être donné aux pauvres. Shashank s'insurge en bloc contre cette idée selon laquelle la charité est la seule manière d'aider les plus démunis. Il faut raisonner ici en termes d'investissement et non de dépenses : le Jagriti Yatra investit dans la jeunesse, pour résoudre durablement les problèmes du pays.

L'édition de 1997 fut un beau succès. Dans son livre *India : A Journey through a Healing Civilization*[95], publié dix ans plus tard, Shashank raconte cette aventure sans précédent. Il reçoit beaucoup de témoignages en retour, l'incitant à organiser de nouvelles éditions. Et voilà que le Jagriti Yatra a maintenant lieu tous les ans en Inde depuis 2008…

95 - Shashank Mani, *India : A Journey through a Healing Civilization*, éditions Harpercollins, 2007.

Je ressors de cette aventure avec une énergie inédite. J'ai interagi avec des individus qui changent radicalement la donne par leur courage, leur créativité, leur persévérance et leur passion. J'ai le sentiment profond que tout jeune devrait vivre une expérience comme celle-ci. Problème : notre éducation ne nous prépare pas à devenir des acteurs du changement. Enseigner des théories dépassées dans une salle de classe est d'un autre siècle. Il est grand temps que nous réinventions l'éducation pour la rendre plus pratique, plus créative, plus collaborative, plus inspirante, plus introspective et plus responsable. Ce Jagriti Yatra m'a donné une idée : adapter le concept à la France.

Quelques semaines plus tard, je rédige un article dans la rubrique « Business et sens » de *L'Express*, pour raconter cette aventure et ce projet d'adaptation en France. Madeleine Ceyrac, directrice déléguée du fonds de dotation Entreprendre & +, découvre l'article et, enthousiasmée par ce projet, me propose que nous nous rencontrions rapidement. Entreprendre & +, fondé par Arnaud de Ménibus, a pour mission d'accompagner le développement de l'entrepreneuriat social en France. Nous nous retrouvons à Paris en mars, entre les missions en Inde et au Sénégal. Deux rendez-vous plus tard, Entreprendre & + décide de devenir partenaire-fondateur du projet en le soutenant financièrement et humainement. Ce soutien me permet de crédibiliser la démarche, d'accéder à des compétences et à des réseaux, donc d'accélérer le lancement de l'entreprise sociale Ticket for Change[96]. Il ne faut pas traîner : la première édition aura lieu à la fin de l'été 2014, autour de la France, avant que des éditions à l'échelle européenne ne soient imaginées dans quelques années.

96 - www.ticketforchange.org.

Troisième enseignement :

Les infrapreneurs sociaux jouent un rôle crucial dans le changement social. Ils parlent des solutions, diffusent les idées, donnent envie à d'autres d'agir. Ils rassemblent les talents et les énergies, et multiplient l'impact de ceux qui agissent. Rien ne les empêche d'être en même temps entrepreneurs ou intrapreneurs sociaux. Mais ce qui les caractérise avant tout, c'est leur envie de faire germer une nouvelle économie, au-delà d'un secteur en particulier.

CONCLUSION

Pour clore ce chapitre, voici la fable de la chute d'eau, que nous avons inventée.

C'est l'histoire d'un énorme paquebot et d'un petit pédalo, au milieu d'un lac. Les deux vont dans la même direction, droit dans le précipice. Tout droit, c'est ce qu'on fait actuellement : aller dans le mur en encourageant un système qui tolère des niveaux de pauvreté et d'inégalités inacceptables, et qui cherche à croître de manière infinie dans un monde aux ressources limitées.

Pourtant, le paquebot et le pédalo savent où aller : il faut tourner à 90°. Ne pas revenir en arrière, mais ne pas aller tout droit non plus. Changer de cap, vers plus de solidarité, d'équité, de durable, de local, de collaboratif. Alors rapidement vient la question : est-ce qu'il vaut mieux être dans le petit pédalo ou dans l'immense paquebot ?

Partir seul dans son petit pédalo, bifurquer directement, et pédaler à contre-courant : chercher à changer les règles du jeu, être incompris au début, mais montrer la voie ? Ou être un membre de l'équipage du paquebot, essayer de convaincre des centaines de personnes et d'amorcer un virage qui sera extrêmement long, mais fera tourner des milliers de passagers de quelques degrés ? Ou enfin, agir en amont en posant des balises sur le chemin pour aider les autres à tourner ?

Tic, tac, tic, tac. La chute approche. À nous de jouer. À vous de jouer.

CHAPITRE 3

FAUT-IL PASSER PAR L'ENTREPRISE CLASSIQUE AVANT DE CHERCHER À CHANGER LES CHOSES ?

« On ne résout pas un problème avec les modes de pensée qui l'ont engendré[97]. »

Albert Einstein

Assez rapidement, nous nous sommes demandé s'il y avait un parcours idéal, des prérequis obligatoires, des jalons à passer, afin de devenir, le plus rapidement possible, un acteur de changement efficace. Acquérir un certain nombre de compétences entrepreneuriales et managériales semble essentiel, car sans elles, pas de rentabilité économique,

97 - « *We can't solve problems by using the same kind of thinking we used when we created them* », Albert Einstein.

pas de pérennité de l'activité et donc pas d'impact durable. Mais quelle est la meilleure manière d'apprendre ces compétences ?

Bien souvent, on nous a conseillé de faire d'abord nos armes dans des entreprises traditionnelles, avant de chercher à faire du business autrement. Ne faut-il pas d'abord maîtriser les rouages de l'entreprise, avant d'y ajouter une dimension sociale ou environnementale ?

D'un autre côté, ne s'agit-il pas de modèles naissants, pour lesquels il faut tout inventer, au lieu d'y calquer les modèles de l'entreprise classique et de reproduire les mêmes erreurs ? N'est-il pas possible de se former sur le tas, d'« apprendre en marchant » ?

De plus en plus de jeunes, en quête de sens et de performance, bouillonnent d'envie de s'engager. Alors, comment faire pour ne pas confondre vitesse et précipitation et optimiser nos talents, nos ressources et notre temps ?

Cette question a été un des fils directeurs de Destination Changemakers pendant trois ans. Quatre rencontres nous ont particulièrement nourris, et nous ont apporté des éléments de réponse.

L'EXPÉRIENCE DE L'ENTREPRISE AU SERVICE DE LA PERFORMANCE SOCIALE

Utiliser l'entreprise pour conduire une mission économique et sociale

Portrait d'Emmanuel Faber, Danone, France (par Matthieu)

9 novembre 2011, dans les airs, entre la France et l'Autriche

Cela fait maintenant dix mois que nous travaillons sur notre projet Destination Changemakers. Parallèlement à nos cours et à nos stages, nous préparons notre départ qui aura lieu dans dix mois.

Ce 9 novembre 2011, nous quittons nos stages respectifs à Paris, pour un week-end de travail prolongé. Direction le Global Social Business Summit à Vienne.

Rassemblant 480 experts de 56 pays, le sommet organisé par le Grameen Creative Lab promet d'être passionnant. Ils seront tous là, les fondateurs de la Grameen Bank, de Grameen Danone, de Grameen Veolia... Faire de l'entrepreneuriat social au sein d'un grand groupe, voilà quelque chose de séduisant ! Nous avons le sentiment de rentrer dans la cour des grands : du haut de nos 21 et 22 ans – et de mes deux mètres –, nous serons les plus jeunes participants du forum mondial du *social business*. C'est le premier temps fort de notre projet : nous allons enfin faire connaissance avec ceux qui sont pour nous des visionnaires de l'économie. Mettre des visages sur des noms devenus familiers par nos lectures, faire des rencontres inattendues, avoir des retours sur expériences, c'est ce que nous sommes venus chercher à Vienne. L'attente ne sera pas bien longue.

■■■

Nous prenons place dans l'avion. Jonas est juste devant moi, au milieu d'une rangée de trois sièges, et je remarque que la place à sa gauche est toujours vide. Les places se remplissent, les portes ne vont pas tarder à se fermer. Les retardataires finissent de placer leurs bagages dans le compartiment au-dessus de nos têtes. Un homme s'avance dans le couloir, regarde son billet, et s'assoit à côté de Jonas. Grand, brun, barbe de trois jours, j'ai l'impression de le connaître. Mais oui, bien sûr, c'est lui… Emmanuel Faber, je l'ai vu dans la vidéo du Global Social Business Summit 2010.

Incroyable ! Nous n'en revenons pas. Le vice-président du groupe Danone – la « voix sociale du groupe » – sera à côté de Jonas pendant une heure et demie ! Au sein de Danone – où je suis en stage – et dans le petit milieu du *social business*, Emmanuel Faber est connu pour être l'un des moteurs de l'implication du groupe sur les sujets sociétaux. Il a notamment fortement contribué à la création de Grameen Danone et de danone.communities.

■■■

De retour dans l'avion. Emmanuel Faber commence à feuilleter ses notes. Heureusement pour moi, il est assis à côté de Jonas, qui a le contact facile. Je me contente donc de taper régulièrement dans son siège, pour lui faire comprendre qu'il est temps de trouver une bonne accroche et de démarrer la conversation !

Après quelques minutes de trajet, les plateaux repas arrivent. Emmanuel Faber range les documents de travail qu'il annotait. C'est pendant ce moment de flottement que Jonas se lance : « Vous allez au Global Social Business Summit à Vienne ? Il me semble que je vous ai vu dans la vidéo de l'année dernière... – Ah oui ? Vous y allez aussi ? » Bien joué !

Au bout de vingt minutes de discussion, ils m'invitent à les rejoindre. Emmanuel est curieux de connaître ma vision de Danone, moi qui ai intégré le groupe il y a deux mois. Nous le questionnons sur sa vision du *social business*, son potentiel et ses limites, ainsi que sur son parcours personnel. Après quelques échanges, je lui pose une question qui nous taraude depuis plusieurs mois : « Selon vous, faut-il nécessairement faire ses armes dans le monde "classique" des affaires, avant de se lancer dans le *social business* ? »

Il sourit – on a dû lui poser cette question des dizaines de fois –, me fait remarquer que le sujet n'est pas facile, prend le temps de réfléchir et répond calmement : « Pour changer les choses, nous dit-il, je vois deux grandes voies. » Première option, entreprendre. « Si vous vous sentez l'âme d'un entrepreneur, allez-y ! Vraiment, allez-y ! Mais il faut être conscient qu'entreprendre, c'est 1 % d'inspiration et 99 % de transpiration. » L'autre option : changer une grande organisation de l'intérieur. « Il faut être patient, emmagasiner des expériences pour comprendre tous les aspects du business et s'imprégner de la culture d'entreprise avant de conduire le changement, analyse-t-il. Dans ce cas, il faut d'abord se spécialiser dans une fonction et devenir excellent. C'est un "fondamental" qui engendre confiance en soi et crédibilité lorsque l'on propose ensuite d'autres options, des alternatives, des réglages différents. »

« Pas besoin d'être le patron pour changer l'entreprise. Chacun peut, à sa mesure, dans les limites des leviers que lui donne sa fonction, utiliser des marges de manœuvre : elles existent toujours, même si tout semble nous faire croire l'inverse. Encore faut-il avoir l'envie de les repérer, de les utiliser, pour infléchir le cours des choses. Encore faut-il aussi accepter de remettre en cause nos propres convictions en les confrontant à la réalité. Attention à nos grands principes, qui sont parfois des peurs ou des intolérances. Le danger de cette voie interne à l'entreprise, c'est de perdre son rêve en route. La pression, le confort d'une carrière, la reconnaissance des pairs sont des anesthésiants puissants, contre lesquels il faut trouver les moyens de lutter, pour garder sa capacité à douter, à se remettre en cause, à ne pas croire aux "c'est comme cela, de toute façon". Il faut un mélange de patience et de persévérance. Changer l'entreprise, c'est une école du réalisme. Accepter et gérer la frustration, se dire qu'elle est aussi un moyen de grandir, un moyen de repérer nos propres contradictions. Comprendre que de toute façon on ne change les choses qu'en acceptant de changer soi-même, tous les matins, en se confrontant à l'esprit des autres. Et se dire qu'on n'est jamais arrivé », ajoute Emmanuel Faber.

Il continue en nous racontant son parcours. Très bon élève, passionné de philosophie, il intègre HEC. Dans son livre *Chemins de traverse*, il précise : « HEC est un peu une déception. Des approximations y sont parfois élevées au rang de science, des slogans proférés comme théorèmes. Le doute y est bien peu pratiqué. Nous sommes abreuvés de technique : comptable, financière, marketing, commerciale, industrielle. Des moyens puissants, mais pas une question ne porte sur le pourquoi[98]. »

Une fois diplômé, il a l'embarras du choix. Les années 1980 voient l'explosion de la finance, il saisit l'opportunité. Il se pose des questions mais choisit la finance pour être au cœur du système et « du bon côté du manche ». « Je n'aime pas les puissants. […] J'aurais pu entrer en résistance, mais à la sortie d'HEC, je choisis l'infiltration et le risque de compromission. Je ne sais pas où ils me mènent[99]. » Il passera cinq ans dans le conseil en stratégie et la banque d'affaires, au sein de prestigieuses maisons, à Londres et à Paris.

Il rejoint ensuite Legris Industries, un groupe industriel familial, en tant que directeur administratif financier, avant d'en être nommé directeur général à 32 ans. Au comité exécutif, il siège avec des dirigeants de vingt à trente ans ses aînés… Cet originaire des Alpes atteint très vite des sommets. À 33 ans, il devient directeur de la stratégie de Danone. À 41 ans, directeur général de la zone Asie-Pacifique. À 44 ans, vice-président du groupe.

Ces expériences en finance, en stratégie et en management lui permettent de mieux comprendre le fonctionnement de l'entreprise et de l'économie mondiale.

Il nous raconte alors une autre initiative sociétale de son entreprise, moins connue : le fonds Danone Écosystème. En pleine crise financière de 2008, il fait un cauchemar : lui et

98 - Emmanuel Faber, *Chemins de traverse : vivre l'économie autrement*, éditions Albin Michel, 2011.
99 - *Ibid.*

quelques-uns de ses collègues sont sur le *Titanic*. Soudain surgit un iceberg, cette crise qu'ils n'ont pas su prévoir ! C'est la panique. Il n'y aura pas assez de barques pour tout le monde : les premières classes seront sauvées, mais pas les secondes, ni les troisièmes… Pour Emmanuel Faber, la signification de ce rêve prémonitoire est claire : tout le monde ne sortira pas indemne de cette crise, notamment les petits fournisseurs et les partenaires fragiles de Danone. Quelques minutes après son réveil, très secoué, il a une idée sous sa douche : « Pourquoi ne pas proposer à nos actionnaires de prélever une partie des profits de l'entreprise pour les placer dans un fonds qui servira dans la durée à renforcer l'emploi et l'employabilité autour de Danone[100] ? » C'est le principe de Danone Écosystème : un fonds, pour renforcer et élargir l'écosystème de Danone, c'est-à-dire soutenir les acteurs locaux qui contribuent à l'activité du groupe sur les territoires où il est implanté. Six mois plus tard, en pleine crise économique, 98 % des actionnaires votent la création du fonds : à la quasi-unanimité, ils lui allouent 100 millions d'euros, soit 20 % du dividende qu'ils auraient pu se verser cette année-là. Cette somme servira à la consolidation des 500 000 emplois et à la réinvention des relations entre Danone et ses agriculteurs, fournisseurs, distributeurs, prestataires de services, etc.

Emmanuel nous confie que ses expériences précédentes dans le business classique lui ont permis d'acquérir une vraie crédibilité, si bien qu'il lui est maintenant possible de proposer et de faire accepter de tels projets par son conseil d'administration et ses actionnaires. Lorsqu'il assure que ces projets vont renforcer l'entreprise sur le long terme, on fait confiance à son sens stratégique et à sa vision globale de l'entreprise.

100 - *Ibid.*

Son parcours n'a jamais été une ligne droite, toute tracée, il a dû emprunter mille et un chemins de traverse. Alors, lorsque Jonas lui demande l'orientation qu'il nous conseille pour la suite de nos études, il répond : « finance ». Et il nous raconte cette anecdote amusante : en 2008, il participe activement à la création de la chaire « Social Business, Entreprise et Pauvreté » à HEC, pour questionner les techniques enseignées, et leur donner du sens – plus de « pourquoi » dans le « comment ». Mais lorsqu'on lui demande à la soirée de lancement de la chaire s'il conseillerait à son fils de suivre cette spécialisation *social business*, il hésite, torturé, puis répond : « Je lui conseillerais quand même de faire la spécialisation finance. »

■■■

Nous atterrissons déjà à Vienne. Cette heure à échanger avec Emmanuel Faber est passée à toute allure. Assurément, le Global Social Business Summit commence bien. C'était un bel imprévu, un privilège que de passer une heure à échanger avec ce dirigeant d'exception. Chez danone.communities, on dit d'Emmanuel Faber qu'il est à la tête d'un grand groupe, « car il est un visionnaire qui a le rêve de changer le capitalisme de l'intérieur ». Nous le recroiserons à plusieurs reprises dans les mois qui suivront, par exemple à HEC, lors de la signature du partenariat entre Schneider Electric et Gawad Kalinga, en août 2013. C'est surtout sa simplicité et son humilité qui nous auront marqués.

Premier enseignement :

Entrer dans une grande entreprise au début de sa carrière peut être très bénéfique et formateur. Mais cela suppose de se spécialiser et d'exercer une fonction bien précise au sein de l'entreprise.
Commencer par là peut surtout permettre, lorsque l'on excelle dans sa fonction, de gravir les échelons et d'atteindre un haut niveau de responsabilités, ce qui peut offrir dans un second temps une marge de manœuvre pour lancer et développer des projets à grande échelle – à condition que ces projets s'intègrent dans sa culture et lui permettent d'atteindre ses objectifs.

De l'entrepreneuriat classique à l'entrepreneuriat social

Portrait de Dylan Wilk, Human Nature, Philippines (par Jonas)

24 décembre 2012, Manille, Philippines

Cela fait déjà trois mois que nous sommes aux Philippines pour développer le partenariat entre Schneider Electric et Gawad Kalinga. Matthieu est parti en Inde depuis deux jours pour participer au Jagriti Yatra. De mon côté, j'ai la chance d'être invité par Antonio Meloto, le fondateur de Gawad Kalinga, à passer les fêtes de fin d'année chez lui, avec toute sa famille.

Il fait presque 30 °C ce soir, difficile de prendre conscience que c'est Noël. Pourtant, la maison a été métamorphosée pour l'occasion : des guirlandes et des étoiles lumineuses sont accrochées partout aux murs, des cadeaux sont entassés sous le sapin en plastique, et des pères Noël miniatures sont dispersés dans tous les recoins de la maison. Le dîner de réveillon est prévu dans le jardin, je m'assois à côté du gendre de Tony, Dylan Wilk.

Matthieu et moi avons eu l'occasion de rencontrer Dylan lors d'un événement dans un village de l'ONG. Son incroyable histoire ressemble à un conte de fées. Retour sur son parcours hors du commun.

Issu d'une famille anglaise pauvre, Dylan abandonne ses études au lycée, et, sans aucun diplôme en poche, il se lance très jeune dans l'entrepreneuriat. À 20 ans, alors que personne n'a foi en son projet, il démarre dans sa cuisine une entreprise de commercialisation de jeux vidéo. Aucune banque n'accepte de lui prêter de l'argent ; il amorce donc son projet avec une simple subvention de 2 500 livres sterling, octroyée par la fondation du prince Charles.

Les deux premières années, il perd de l'argent ; la troisième, il comble les pertes des deux années précédentes ; et la quatrième, il achète sa première voiture de sport. Cinq ans après le lancement de son entreprise, il est la neuvième fortune du Royaume-Uni parmi les moins de 30 ans. En 1999, son entreprise devient la première société internet à rejoindre le London Stock Exchange.

Son quotidien change : « Quand je voulais éviter les embouteillages, j'allais au bureau en hélicoptère », confie-t-il avec humour. Sa collection de voitures de sport s'agrandit… jusqu'au jour où il remet tout en question : « Un jour, j'ai acheté une Ferrari. J'en avais rêvé toute ma vie. J'en ai profité jour et nuit pendant six semaines, puis Ferrari a annoncé qu'elle sortait un nouveau modèle. Dans un premier temps, j'étais hystérique, je trouvais ma Ferrari de six semaines ringarde, et me disais qu'il fallait absolument que j'achète le nouveau modèle. Puis je me suis calmé et me suis demandé ce qui n'allait pas chez moi. J'ai prié toute la nuit et ai demandé : "Dieu, pourquoi suis-je si riche ? »

À la recherche de sens, Dylan part faire le tour du monde pendant six mois pour soutenir une cause sociale. Mais au bout de cette période, il revient en Angleterre, déçu, car aucune des ONG rencontrées ne lui semble pouvoir réellement éliminer la pauvreté. À son retour, un ami philippin lui parle de Gawad Kalinga. Il part alors aux Philippines, et il est conquis : « C'était la première fois que je voyais un endroit qui avait été autrefois un bidonville et qui était devenu une communauté belle et pacifique. » Quand il rentre en Angleterre, il vend une de ses voitures de sport et envisage de faire une donation pour construire un village. Mais Antonio Meloto refuse son argent : « N'envoie pas ton argent. Reviens nous voir ! Apprends-en plus sur ce que nous faisons. Pourquoi ne viendrais-tu pas choisir toi-même l'endroit où construire ton village? »

En 2003, Dylan retourne donc aux Philippines, initialement pour une durée de six semaines. Mais cette fois, il ne repartira pas : il tombe amoureux des Philippines, de Gawad Kalinga, et de la fille de Tony. Pour la séduire, les voitures de sport ne font pas leur effet et plaisent encore moins à son père. Qu'à cela ne tienne, Dylan vend une à une ses voitures pour financer la construction de villages Gawad Kalinga.

Il finit alors par conquérir le cœur d'Anna et obtient la bénédiction de son père.

Une fois mariés, Anna et Dylan s'installent aux États-Unis, où Dylan s'immerge dans « le monde de la solidarité » en créant un réseau de bénévoles pour Gawad Kalinga. Mais sa passion à lui, c'est d'entreprendre. Il lui reste donc à trouver une idée d'entreprise sociale…

Aux États-Unis, Anna constate que des produits cosmétiques éthiques concurrencent de plus en plus les produits classiques. Elle décide alors de s'associer à Dylan, qui connaît le monde des affaires, et à sa sœur Camille, qui connaît celui des cosmétiques, pour se lancer sur ce marché aux Philippines. En novembre 2008, Anna, Camille et Dylan créent ensemble Human Nature. L'ambition annoncée lors de la cérémonie de lancement est grande : devenir la première entreprise sociale multinationale.

Accompagnée d'une petite équipe de jeunes chercheurs, Camille lance, depuis sa cuisine, une première gamme de cosmétiques biologiques : savons, huiles, maquillage, solutions antimoustiques… un ensemble de produits jusqu'à présent importés de l'étranger. Dylan se charge du marketing, de la commercialisation et des finances. Anna s'occupe des achats, des ressources humaines et de la responsabilité sociale de l'entreprise.

■■■

En quoi Human Nature est-elle une entreprise sociale ? Tout d'abord, la mission de l'entreprise « n'est pas de maximiser les profits, mais de les optimiser afin que l'entreprise puisse se développer et ainsi profiter plus largement aux communautés pauvres partenaires », nous explique Dylan.

Ensuite, l'ensemble des produits commercialisés doivent être réalisés uniquement à partir d'ingrédients philippins. Lorsqu'un composant n'est pas encore assez développé aux Philippines, Human Nature s'associe à des administrations et des associations, comme Gawad Kalinga, pour développer la filière locale – c'est le cas de l'huile de tournesol, par exemple. Le partenariat avec Gawad Kalinga est gagnant-gagnant. « Dès lors que les fermes biologiques de Gawad Kalinga sont capables de produire des ingrédients de haute qualité, nous les équipons et leur apprenons à cultiver et valoriser ce dont nous avons besoin pour nos produits », nous précise Dylan. Les produits sont achetés à un prix équitable, pour permettre aux producteurs locaux de vivre dignement de leurs revenus.

La gestion des ressources humaines de Human Nature fait également figure d'exemple aux Philippines : les salaires sont au-dessus du marché, une assurance sociale est offerte, et un tiers des salariés sont issus de huit villages pauvres de Gawad Kalinga situés près de la Smokey Mountain, la plus grande décharge sauvage de Manille. Ces derniers peuvent consacrer un jour par semaine – dont la moitié est payée par Human Nature – au développement de leur communauté. Une école a, par ailleurs, été financée dans chacune des communautés rurales de l'ONG Gawad Kalinga.

Enfin, Human Nature est un pionnier aux Philippines en matière de respect de l'environnement : ses produits sont 100 % biologiques, les bouteilles et emballages recyclables, et aucun test n'est effectué sur des animaux.

Dylan se charge de valoriser cet engagement social qu'il résume par un slogan présent sur l'ensemble des produits : « pro-philippines, pro-pauvres, pro-environnement[101]. »

101 - « *Pro-philippines, pro-poor, pro-environnement.* »

Le succès ne se fait pas attendre longtemps. Les produits plaisent aux ménages philippins aisés lassés d'acheter des produits étrangers et soucieux du développement économique de leur pays. Plusieurs chercheurs travaillant dans des multinationales ont choisi de rejoindre l'équipe de recherche et développement de Human Nature car ils « ont davantage de liberté pour expérimenter des produits vraiment adaptés aux Philippins », nous confie l'un d'entre eux. Par exemple, l'un des produits phare est un antimoustique 100 % naturel, et entièrement réalisé à partir de produits philippins comme l'huile de coco et la citronnelle.

En quatre ans, grâce à l'expérience entrepreneuriale de Dylan, les produits sont en vente partout aux Philippines : on peut les trouver dans 26 magasins Human Nature présents dans 23 villes du pays et, depuis 2012, chez les principaux distributeurs, aux côtés des produits Unilever ou L'Oréal. Plus de 70 000 particuliers, ambassadeurs de Human Nature, revendent à leur entourage les produits de la marque. En 2012, l'entreprise a vendu environ 2,7 millions de produits pour un chiffre d'affaires global de plus de 3,5 millions d'euros. Fin 2012, l'entreprise employait 160 personnes, et conformément à l'un de ses engagements, aucun licenciement n'a été réalisé depuis la création. Lors du rassemblement annuel du Forum économique mondial en Chine en septembre 2012, Anna et Dylan ont reçu le prestigieux prix Global Social Entrepreneur 2012 (entrepreneur social mondial 2012), décerné par la Fondation Schwab. Human Nature est rentable depuis la première année, mais l'entreprise n'en est pourtant qu'à ses débuts : Dylan songe déjà à un développement international.

Revenons maintenant au dîner de Noël. C'est l'heure du dessert : une salade de fruits exotiques et non pas une bûche, seul petit accroc au protocole. J'interroge Dylan sur les raisons du succès de Human Nature. Il commence par me donner quelques raisons objectives telles que l'absence relative de concurrence sur le marché des cosmétiques biologiques, la qualité des produits, des partenaires, etc.

Après quelques instants de réflexion, il ajoute que l'un des principaux atouts de cette entreprise sociale est la complémentarité du management : Camille a les connaissances scientifiques pour développer des produits innovants, Anna sait manier le langage du « social », Dylan, celui de l'entreprise. Son expérience en entrepreneuriat classique lui a permis de ne pas reproduire certaines erreurs.

À la question « faut-il passer par le monde de l'entreprise avant de se lancer dans l'entrepreneuriat social ? », sa réponse est simple, mais nuancée : « C'est forcément un plus. Une base solide en entrepreneuriat vous fera gagner du temps lors de la création d'une entreprise sociale. Cependant, j'ai un conseil que je donne à tous les entrepreneurs sociaux que je rencontre. Il n'y a qu'une seule règle quand vous lancez une entreprise, et c'est la même chose pour tout ce que vous faites dans la vie. Si vous suivez cette règle, je vous garantis que vous réussirez : n'abandonnez jamais. Même sans expérience, un entrepreneur qui a cette détermination aura de grandes chances de réussir à condition d'être très patient, d'accepter les échecs, et de s'entourer de personnes plus expérimentées que lui. »

De ce réveillon unique, je retiendrai surtout la phrase marquante que Dylan m'a adressée au moment de partir : « N'oublie pas, quoi que tu fasses, n'abandonne jamais, n'abandonne jamais, n'y songe même pas ! »

Deuxième enseignement :

Il n'y a pas que dans les grands groupes que l'on peut apprendre des techniques de management. Certains jeunes se lancent très tôt dans une aventure entrepreneuriale qui leur permet de maîtriser vite tous les aspects d'une entreprise. Et quand on goûte à l'entrepreneuriat, on a envie de recommencer : il est alors possible de mettre ses compétences au service d'une mission sociale.

Ces deux rencontres nous confortent dans l'idée qu'une expérience dans le monde de l'entreprise classique est un plus pour appréhender plus efficacement l'entrepreneuriat social. Compétences, crédibilité, expérience, réseau sont autant d'atouts qui permettent de bien gérer l'aspect économique de l'entreprise sociale, son efficacité et sa pérennité.

Pourtant, d'autres ont réussi sans expérience préalable dans le monde de l'entreprise « classique ». Comment ont-ils fait ?

SE LANCER DIRECTEMENT DANS L'ENTREPRENEURIAT SOCIAL, SANS PASSER PAR L'ENTREPRISE CLASSIQUE

L'immersion terrain qui a révélé un prix Nobel de la paix

Portrait de Muhammad Yunus, Grameen Bank, Bangladesh (par Matthieu)

10 novembre 2011, Vienne, Autriche

Retour un an plus tôt, au Global Social Business Summit à Vienne. Après une discussion inoubliable avec Emmanuel Faber dans l'avion, puis une nuit à Vienne chez une adorable famille philippine qui nous a été recommandée par Gawad Kalinga, nous arrivons dans le centre de conférences pour assister au forum et rencontrer enfin Muhammad Yunus. Soucieux de profiter de chaque instant de cet événement, nous arrivons très en avance. Les participants ne sont pas encore là, les hôtesses d'accueil terminent les derniers préparatifs.

Une vingtaine de minutes plus tard, alors que seuls quelques participants nous ont rejoints, Muhammad Yunus entre dans la grande salle de conférences, accompagné de Hans Reitz, le directeur général du Grameen Creative Lab. Ça y est, nous y sommes. Il est là, à quelques mètres de nous, celui qui, le premier, nous a inspirés, celui qui nous a fait réfléchir autrement à notre avenir professionnel.

Mais il n'est pas si facile d'aller parler à un prix Nobel de la paix… Par quoi commencer ? Quelle question lui poser ?

Nous avons envie de lui dire tellement de choses qu'au moment idéal pour lui parler, nous sommes absolument à court de questions… Et le voilà qui est appelé dans une salle pour une interview avec la presse. Nous ratons cette opportunité, et décidons de bien préparer nos questions pour la prochaine occasion. Tant pis pour cette fois, il nous reste encore trois jours. Nous nous installons aux meilleures places pour écouter la conférence inaugurale. Muhammad Yunus commence son discours par une histoire, son histoire, celle d'un docteur en économie devenu « banquier des pauvres ».

Nous sommes en 1974. Muhammad Yunus est le directeur du département d'économie à l'université de Chittagong au Bangladesh : « J'aimais enseigner, et je me préparais à faire carrière à l'université », confie-t-il. Mais, à la suite de la violente guerre d'indépendance de 1971, de l'arrivée massive de réfugiés et de nombreuses catastrophes naturelles, une terrible famine ravage le Bangladesh en 1974 et 1975.

Le professeur Yunus « n'en peut plus d'enseigner d'élégantes théories économiques dans une salle de cours tandis que la mort ravage le pays ». Il décide d'aller sur le terrain et de voir comment il peut aider les agriculteurs. Il commence par travailler sur des projets d'amélioration de la production agricole dans la région de Jobra. Le projet rencontre un succès rapide, la productivité augmente… mais le professeur Yunus n'est pas satisfait : il se rend compte que les plus pauvres des pauvres – ceux qui sont le plus touchés par la famine – ne profitent pas de l'augmentation de la productivité agricole car ils n'ont pas de terres. Alors il cherche un moyen de leur venir en aide.

Il continue son immersion pour chercher la racine de la pauvreté. Est-elle due à un manque d'effort ? Non, assurément pas, ces gens-là font tout pour s'en sortir… C'est en discutant avec une femme du village de Jobra qu'il comprend que si les pauvres travaillent dur mais restent pauvres, c'est parce qu'ils n'ont pas d'outils pour améliorer leur productivité. La cause de cela ? Ils n'ont pas accès au crédit. Les banques classiques refusent de prêter aux plus pauvres car ils ne présentent aucune garantie bancaire. Certes, des usuriers acceptent de prêter aux plus pauvres… à condition qu'ils leur vendent toute leur production au prix qu'ils déterminent ! Pour le professeur Yunus, c'est ni plus ni moins que de l'esclavage.

Il décide donc – accompagné de quelques-uns de ses élèves de l'université de Chittagong – de dresser la liste des victimes de ces prêts abusifs dans le village de Jobra. Quelle surprise lorsqu'il se rend compte que la liste comprend 42 personnes, qui ont emprunté un montant total de 27 dollars ! Immédiatement, il décide de leur prêter 27 dollars pour qu'elles échappent aux « griffes des usuriers ». La joie procurée par ce geste dans le village lui donne envie de continuer. Et surtout, quelques jours après, ces 27 dollars, qui lui sont remboursés sans encombre et dans les temps, ont permis de créer de l'activité et des revenus dans le village.

Il cherche à convaincre des banques traditionnelles de prêter de l'argent aux pauvres. Il essuie de nombreux refus : « Les pauvres ne sont pas solvables, ils ne vont jamais rembourser ! », « Les pauvres n'ont pas de garantie à offrir, et n'ont pas d'historique de crédit ! », « Les pauvres sont illettrés, ils ne pourront même pas remplir les papiers nécessaires ! »… Alors le professeur Yunus essaie une nouvelle stratégie : il empruntera aux banques traditionnelles, et prêtera l'argent aux pauvres, en se portant garant des prêts accordés ! Et c'est comme ça que ce docteur en économie est devenu, par la force des choses, le « banquier des pauvres ». En 1983, il crée la Grameen Bank, littéralement « la banque du village », plus couramment surnommée la « banque des pauvres ».

En 2007, écrit-il dans son ouvrage *Vers un nouveau capitalisme,* la Grameen Bank a accordé des prêts à 80 % des familles pauvres du Bangladesh, dans 78 000 villages du pays, ce qui représente 6 milliards de dollars. La majorité de ces prêts – 97 % – ont été accordés à des femmes car il a observé qu'elles dépensent en priorité pour leur famille alors que les hommes ont tendance à dépenser l'argent pour eux. Le taux de remboursement de ces prêts est de 98,6 % ! Mieux : 64 % des ménages qui ont emprunté pendant au moins cinq ans auprès de la Grameen Bank ont dépassé le seuil de pauvreté... Et tout cela grâce à une institution financièrement indépendante, la Grameen Bank, rentable tous les ans depuis sa création, sauf en 1983, 1991 et 1992.

Le professeur Yunus a commencé avec 27 dollars, sans aucune théorie ni *business plan,* simplement en fréquentant les plus pauvres pour comprendre leurs besoins ! C'est en s'indignant de leur exclusion bancaire, en pariant sur leur capacité à entreprendre et à rembourser leurs dettes, et en passant lui-même à l'action qu'il a initié une véritable révolution financière.

Certes, Muhammad Yunus est docteur en économie. Mais avant de créer cette « banque des pauvres », il n'avait aucune expérience pratique dans le monde du développement et encore moins dans celui de la finance. C'est d'ailleurs probablement cette inexpérience qui a été son plus grand atout : « Le fait de ne pas être banquier de formation et de ne pas avoir suivi le moindre cours relatif aux opérations bancaires m'a préservé de toute idée préconçue relative aux mécanismes de prêt et de l'emprunt. Si j'avais été un banquier, je ne me serais probablement jamais demandé comment mettre le système bancaire au service des pauvres[102]. »

Son bon sens a aussi fait la différence, car il a fallu énormément expérimenter sur le terrain : « Comme je suis un homme à l'esprit pratique, qui n'avait à l'origine aucune expérience du développement rural ou de la banque, je n'étais pas prisonnier des préjugés qui limitent notre créativité en la matière. J'ai pu tester de nouvelles idées et de nouvelles méthodes en m'appuyant seulement sur ma compréhension des besoins des pauvres et sur ce que dictait le bon sens[103]. »

En 2006, le professeur Yunus et la Grameen Bank recevaient le prix Nobel de la paix. Dans son discours de réception du prix, à Oslo, le professeur Yunus partageait son rêve : « Je crois fermement que nous pouvons créer un monde sans pauvreté si nous y croyons collectivement. Dans un monde sans pauvreté, vous devrez aller au musée pour vous faire une idée de la pauvreté[104]. » Cette économie plus humaine passe pour lui par une conception plus large du capitalisme et de l'entreprise, qui ne doivent pas seulement rechercher la maximisation des profits. Les entrepreneurs qui auront pour but l'intérêt général pourront créer des *social business*, c'est-à-dire des entreprises dont la mission est de résoudre un problème social, qui ne réalisent pas de pertes et ne versent pas de dividendes. « À chaque fois que je vois un problème, je créé un *social business* pour le résoudre »,

102 - Muhammad Yunus, *Vers un nouveau capitalisme*, éditions JC Lattès, 2008.
103 - *Ibid.*
104 - Discours de réception du prix Nobel de la paix, en 2006.

déclare-t-il ! Son concept de *social business* convainc de nombreuses multinationales depuis quelques années – Veolia, Danone, BASF, Adidas, Uniqlo, Intel… –, qui s'engagent à ses côtés pour mettre leurs compétences au profit des plus pauvres sans attendre de retour financier de leur action.

■■■

Quel discours plein de fraîcheur dans ce monde où tout a l'air si verrouillé, les parcours tracés à l'avance, les histoires déjà écrites ! Le lendemain, c'est décidé, nous irons parler au professeur Yunus. Et cette fois-ci, nous avons préparé notre question, une seule question : « Selon vous, quelle est la meilleure façon pour les jeunes de s'engager dans le *social business* ? »

Chose promise, chose faite. Le lendemain, en début d'après-midi, nous allons le voir. Il finit de déjeuner avec quelques partenaires de Grameen, mais ça ne fait rien, cette fois-ci nous lui adressons des regards insistants pour signaler notre désir de lui parler. Avec beaucoup de gentillesse, il nous fait signe de nous asseoir à ses côtés. Notre caméra est prête. Notre question aussi. C'est parti pour un entretien de quelques minutes. Nous nous présentons, expliquons pourquoi nous sommes venus au Global Social Business Summit, et exposons brièvement notre projet Destination Changemakers. Puis nous posons notre question.

Avant d'y répondre, il réfléchit quelques instants : « Aujourd'hui, chacun a la capacité de changer le monde. Je dis souvent aux jeunes comme vous que l'existence du concept de *social business* offre des choix de carrière et de vie différents à tous ceux qui aspirent à une existence dont le sens ne se limite pas à la quête du profit. Pour lancer un *social business*, il faut d'abord trouver un problème qui vous touche et une idée pour le résoudre. Pensez aussi au modèle économique pour le financement. Une fois que vous avez l'idée, testez-la en vrai ! Lorsque j'ai commencé dans le village de Jobra, j'ai démarré avec de vraies personnes… pas comme dans des livres où vous imaginez que les personnes se comportent d'une certaine manière. Il faut tester son idée et l'adapter pour l'améliorer ! »

Troisième enseignement :

Ne pas avoir d'expérience dans un secteur peut s'avérer un grand atout pour y développer des idées radicalement nouvelles… à condition d'avoir la détermination et le courage de passer outre les critiques et le scepticisme de tous ceux qui diront que « ça ne marchera pas, sinon ça existerait déjà ».

Ce qui importe, c'est de partir d'un vrai problème, de trouver une idée innovante et économiquement viable pour y répondre, et de l'expérimenter sur le terrain. Tester, échouer, améliorer, re-tester… mais se lancer ! Oser !

Le vétérinaire devenu entrepreneur social

Portrait de Bagoré Bathily, la Laiterie du Berger, Sénégal (par Jonas)

20 avril 2013, Richard Toll, Sénégal

Nous sommes au cœur de notre troisième mission, à Richard Toll, ville du nord du Sénégal à la frontière de la Mauritanie. Nous attendons, sous le soleil du Sahel, Bagoré Bathily, le fondateur de la Laiterie du Berger, une entreprise sociale sénégalaise qui valorise le lait d'éleveurs semi-nomades. À 200 mètres, j'aperçois un 4 x 4 dans un nuage de poussière. Difficile de reconnaître les deux personnes à bord... Le voile se lève : c'est bien Bagoré qui sort en hâte de son véhicule. « Désolé les gars, j'étais en brousse avec un éleveur ! »

Depuis trois jours, nous visitons les lieux de collecte et l'usine de la Laiterie du Berger, ce qui nous permet d'avoir une vision du terrain, après un mois au siège de Dakar. Mais surtout, nous avons la chance de faire le trajet entre Dakar et Richard Toll avec Bagoré.

En voiture, à travers la brousse, il nous raconte son histoire.

■■■

Né d'une mère française et d'un père sénégalais, Bagoré Bathily – ou « Baba » – a grandi à Dakar jusqu'à son bac avant de partir faire des études de vétérinaire à l'université de Liège, en Belgique. Il travaille quelques temps en France, puis part en Mauritanie au service d'une ONG où il découvre l'élevage tel que le pratiquent les populations semi-nomades de la région du fleuve Sénégal.

Là-bas, il se rend compte que l'élevage est le plus souvent pratiqué pour la vente de bétail et utilisé comme outil d'épargne, tandis que le lait, pourtant produit en grande quantité, est très peu commercialisé. Un manque à gagner évident pour ces éleveurs aux conditions de vie très difficiles. Bagoré se demande alors comment mieux valoriser leur production laitière : « C'est absurde, nous explique-t-il : le Sénégal importe 90 % du lait consommé sous forme de lait en poudre, alors que 30 % de la population sénégalaise – soit 4 millions de personnes – vit exclusivement d'élevage. » Ce constat aberrant ne le quittera plus.

Il décide donc de passer à l'action et fait le pari fou de créer une filière laitière locale au Sénégal. Projet extravagant pour ce jeune vétérinaire qui n'a pas plus d'expérience entrepreneuriale que de connaissances de l'industrie laitière. Il nous confie avec humour : « C'est parce que je n'y connaissais pas grand-chose en entrepreneuriat que j'ai eu le courage de me lancer. Sinon, j'aurais sûrement fait marche arrière ! » Peu importe son manque d'expérience, il apprendra sur le terrain.

Après plus d'un an de préparation, Bagoré s'associe avec Investisseurs & Partenaires, un fonds d'investissement français qui soutient, financièrement et techniquement, des PME africaines. La Laiterie du Berger peut alors voir le jour : en 2006, elle vend ses premiers produits laitiers, principalement des yaourts, auprès des consommateurs aisés de Dakar. Le concept de l'entreprise sociale est simple : « Nous achetons aux plus pauvres pour revendre aux plus riches, mais avec une démarche équitable ! » nous résume Bagoré.

Les débuts sont pourtant difficiles et les ventes peinent à décoller, notamment parce que les produits ne sont pas suffisamment adaptés à la demande. Avec un enthousiasme inchangé, Bagoré réussit à convaincre, en 2009, un autre soutien de taille : danone.communities, dont les équipes soutiendront celles de la Laiterie du Berger en termes de production, de marketing et de commercialisation. De jeunes cadres rattachés au groupe se succèdent sur place pour aider les membres de la Laiterie du Berger à concevoir l'usine de Richard Toll, à mieux comprendre leur marché, à optimiser les circuits de distribution, et à bien communiquer. Inspirée par les techniques de logistique et de distribution de Danone dans les pays émergents, la Laiterie du Berger commercialise dorénavant ses produits à l'aide de petits camions et de pousse-pousse afin de toucher les boutiques les plus inaccessibles de Dakar – 90 % des rues étant ensablées.

Se professionnalisant, l'entreprise connaît une forte période de croissance. Aujourd'hui, elle vend environ 7 tonnes de produits chaque jour, qui sont distribués dans près de 8 000 points de vente au Sénégal. Parallèlement à la collecte de lait auprès des éleveurs, un projet de ferme laitière est à l'étude pour s'assurer que la production suive la progression des ventes. Cette ferme devrait également redynamiser l'agriculture locale, grâce à l'utilisation de plantes fourragères cultivées dans la région.

La Laiterie du Berger contribue à améliorer les conditions de vie de près de 800 familles d'éleveurs. Avant l'arrivée de l'entreprise sociale dans la région, les éleveurs semi-nomades, faute d'accès au marché, ne pouvaient commercialiser leur lait : aujourd'hui, le litre de lait leur est acheté à un prix fixe de 200 francs CFA – environ 30 centimes d'euros –, un prix relativement élevé qui garantit une relation de confiance. Les éleveurs bénéficient également d'un encadrement technique, tel que des services vétérinaires et d'insémination. Cet esprit de solidarité se retrouve à tous les échelons de l'entreprise. Les collecteurs ont par exemple pris l'habitude de rendre de petits services – recharge de portable, achat de pain en ville – aux éleveurs lors de leurs visites quotidiennes.

Pour améliorer la production laitière des troupeaux, la laiterie fournit du fourrage pendant la saison sèche, et évite ainsi aux éleveurs de partir en transhumance. En réponse à l'une de nos interrogations sur le risque de bouleverser la culture des populations nomades, Bagoré nous répond : « L'idée n'est pas de bouleverser leur culture, au contraire, c'est de leur permettre d'en vivre. Bien sûr, les éleveurs partiront de moins en moins en transhumance, mais la transhumance est une contrainte, et non un choix. D'ailleurs, la majorité des enfants d'éleveurs ne souhaitent plus reproduire le mode de vie de leurs parents. Dès lors, si les parents ont la possibilité de renoncer à transhumer, les enfants pourront être scolarisés, et envisager ainsi un meilleur avenir. »

En octobre 2012, la Laiterie du Berger a obtenu le prix Africa Awards for Entrepreneurship 2012 dans la catégorie de la meilleure des petites entreprises en croissance d'Afrique. L'entreprise sociale emploie aujourd'hui 108 salariés répartis entre Richard Toll, où se situe la collecte et la production, et Dakar, où se trouve le siège de la structure. Elle se distingue aussi par son esprit jeune et les perspectives de promotion interne. Par exemple, l'actuel directeur commercial, Pipo, 29 ans, a commencé comme vendeur il y a sept ans.

Après ces trois jours passés au milieu de la brousse, nous revenons à Dakar pleins d'inspiration. Peu de gens auraient parié que ce jeune entrepreneur puisse concurrencer le lait en poudre importé au Sénégal. Sans expérience, il a su s'entourer, apprendre sur le terrain et comprendre la culture et les motivations des éleveurs. Jamais il n'a renoncé à son rêve, même dans les – nombreux – moments difficiles : « Concilier rentabilité économique et impact social n'est pas aussi aisé qu'on l'entend parfois. Chaque jour, nous avons des arbitrages à faire, et ce n'est pas facile. Mais on bosse, on y croit, et on va y arriver ! », nous confie-t-il. Après sept années d'activité, l'entreprise devrait être à l'équilibre pour la première fois fin 2014. Un très bel aboutissement quand on sait que deux fois par jour, une dizaine de collecteurs font près de 200 kilomètres en brousse chacun pour récupérer quelques litres de lait auprès de 800 familles d'éleveurs…

Quatrième enseignement :

Bien que très différents, les parcours de Muhammad Yunus et de Bagoré Bathily illustrent le fameux « *learning by doing* » (« apprendre en faisant »). Aucun des deux n'avait de compétences commerciales dans les secteurs dans lesquels ils se sont lancés. Le professeur Yunus avait des connaissances théoriques sur le monde de l'économie mais n'avait jamais travaillé dans une banque avant de créer la plus grosse banque du Bangladesh ; Bagoré Bathily avait des connaissances techniques sur l'élevage mais n'avait aucune idée du processus de fabrication des yaourts avant de créer la Laiterie du Berger, une des structures-phares de l'entrepreneuriat social en Afrique.

Plus fort : le premier avoue que sa méconnaissance du secteur bancaire lui a permis d'avoir une idée qu'un banquier n'aurait pas pu avoir ; le second confie avec humour que s'il avait mieux connu l'industrie agroalimentaire, il ne se serait pas lancé dans cette aventure !

Bref, il est possible de réussir même lorsque l'on est inexpérimenté, à condition de poursuivre son idée avec conviction et patience, et de s'appuyer sur des partenaires complémentaires qui partagent la même vision.

CONCLUSION

Se demander s'il est essentiel de passer par le monde de l'entreprise classique avant de devenir un acteur de changement n'est peut-être pas la bonne question. En tout cas, elle n'épuise pas la problématique.

Acquérir des compétences en gestion d'une entreprise est nécessaire, certes. Dans toute entreprise sociale, la maîtrise du management, de la finance ou du marketing est souhaitable car, comme dans toute entreprise, la notion d'efficacité est essentielle. Mais celle-ci n'est qu'un moyen : une entreprise sociale, à la différence d'une entreprise classique, cherche à résoudre un problème social. Sans finalité sociale, pas de raison d'être. Sans efficacité, aucune chance de durer. L'entreprise est un outil pour rendre l'impact durable. On répète souvent dans le secteur que « dans "entreprise sociale", il y a entreprise ». Bien sûr, mais quid du social ? Connaître les bénéficiaires de son action, comprendre leurs besoins, développer son empathie, analyser la réalité du terrain, adapter ses solutions sont autant d'exigences essentielles à la mission sociale de l'entreprise ! Connaître les deux mondes est nécessaire pour être capable de les réunir.

Toutes les personnes que nous avons rencontrées ont une fibre sociale très forte. Emmanuel Faber, dirigeant de multinationale, a bénévolement accompagné des personnes en fin de vie en France pendant des années, à l'hôpital de Puteaux. Il a aussi été volontaire au Tibet auprès de mourants, dans un foyer tenu par les sœurs de Mère Teresa. Enfin, il a cherché à comprendre le mouvement altermondialiste en participant au Forum social mondial de Belém, tandis que son président assistait avec le professeur Yunus au Forum économique mondial à Davos. Autre exemple : Dylan Wilk, le « geek millionnaire » britannique, a passé beaucoup de temps dans les villages Gawad Kalinga aux Philippines, pour comprendre les besoins des plus démunis.

Il est donc essentiel de multiplier les expériences diverses, à la fois dans le monde de l'entreprise et celui des associations et des ONG, voire du secteur public, pour être capable de prendre le meilleur de ces mondes et de les faire converger.

CHAPITRE 4

OÙ AGIR ?

« Celui qui voit un problème et n'agit pas fait partie du problème. »

Mahatma Gandhi

Où faut-il agir ? Chez soi, où la précarité augmente, ou à l'autre bout du monde, où les besoins semblent plus importants ? Dans les pays du Sud, les besoins sont immenses. Une solution ingénieuse et durable peut alors bénéficier à plusieurs millions de personnes. C'est ainsi que les initiatives d'entrepreneuriat social dans les pays du Sud – comme Muhammad Yunus au Bangladesh, Antonio Meloto aux Philippines ou Bagoré Bathily au Sénégal – semblent avoir potentiellement une plus grande ampleur que les initiatives menées dans des pays développés.

Mais quelle est notre légitimité en tant qu'Européen ? Comment bien comprendre les besoins des populations que nous voulons aider ? Comment éviter le piège de la solidarité qui se transforme en assistanat ?

Pour éviter ces écueils, ne vaudrait-il pas mieux agir plus près de chez soi, où les besoins sont moins colossaux mais croissants ces dernières années ?

En effet, alors que la pauvreté dans les pays du Sud diminue – le pourcentage de personnes dans le monde vivant avec moins de 1,25 dollar par jour est passé de 36 % en 1990 à 18 % en 2010[105] –, elle augmente dans les pays dit développés.

En France, la pauvreté touchait plus de 14 % de la population en 2010[106]. Les inégalités et injustices ont chez nous un autre visage : un sans domicile fixe dans la rue, un chômeur de longue durée, une personne âgée solitaire, un jeune discriminé à cause de ses origines... Les pays développés sont confrontés à une crise économique, sociale et environnementale sans précédent : il y a beaucoup à faire aussi dans les pays du Nord.

Alors, où agir ? Où pouvons-nous avoir le plus d'impact ? Être les plus utiles ? Quel sera le choix le plus enrichissant ? Le plus réaliste ?

105 - Il reste cependant beaucoup à faire, comme le souligne François Bourguignon dans son article « Le monde n'en a pas fini avec la pauvreté », LesEchos.fr, 28 mars 2012.

106 - Observatoire des inégalités, « Les seuils de pauvreté en France », 7 septembre 2012.

AGIR DANS LES PAYS DU SUD, OÙ LES BESOINS SONT LES PLUS PRESSANTS

Arrêter ses études en France pour créer une entreprise sociale aux Philippines

Portrait de Fabien Courteille, Karpentoys et Plush & Play, Philippines (par Jonas)

20 novembre 2012, en voiture entre la Ferme enchantée de Gawad Kalinga et Manille

Après une étude sur les besoins en énergie de la Ferme enchantée de Gawad Kalinga pour le projet de partenariat avec Schneider Electric, nous rentrons à Manille. Habituellement, nous empruntons les transports collectifs. C'est exotique de prendre les fameuses *jeepneys* et les bus philippins mais l'inconvénient, c'est qu'il faut près de trois heures pour faire à peine plus de 50 kilomètres.

Cette fois-ci, pour gagner du temps, nous rentrons en voiture avec Fabien Courteille, un jeune entrepreneur social français. Depuis notre arrivée aux Philippines fin septembre, nous l'avons croisé à plusieurs reprises, mais nous n'avons pas encore pris le temps de vraiment échanger avec lui.

On nous a dit que cela fait presque deux ans que Fabien est aux Philippines. Que fait ce jeune Français, fan de foot, dans ce pays où le ballon rond se fait rare ? Nous profitons des deux heures du retour en voiture vers Manille pour en savoir plus.

À la fin de son master 1 à l'institut d'administration des entreprises (IAE) de Grenoble, Fabien était simplement venu réaliser un stage de trois mois pour Gawad Kalinga.

Trois mois lui ont suffi pour changer complètement ses plans de vie et décider d'abandonner ses études pour devenir entrepreneur social aux Philippines. Quelle est l'origine de ce revirement soudain ?

Tout d'abord, une immersion de plusieurs mois à la Ferme enchantée où il découvre que les compétences en charpenterie du père de sa famille d'accueil sont inexploitées, faute de travail. Fabien se demande alors comment agir pour mettre à profit ce savoir-faire, jusqu'au jour où un constat s'impose à lui : « Tandis que je vendais des produits de la ferme lors d'un événement, je me suis rendu compte qu'il n'y avait rien pour les enfants alors que la Ferme enchantée veut être une destination familiale. J'ai alors simplement lancé l'idée de créer des jouets en bois puisque le père de ma famille d'accueil est charpentier. »

Il entreprend alors quelques recherches et découvre que 90 % des jouets commercialisés aux Philippines sont importés de Chine, dont 80 % sont fabriqués à partir de composants toxiques. Autre fait surprenant : ces jouets ne sont pas liés à la culture philippine, et participent donc à la perte de l'identité culturelle locale.

L'idée lui semble alors évidente : créer une entreprise sociale commercialisant des jouets de qualité fabriqués par les populations pauvres des villages Gawad Kalinga ! Il suggère l'idée à Antonio Meloto pour qu'un autre entrepreneur puisse la développer après son retour en France. Mais la réponse de ce dernier est sans équivoque : « Si tu ne le fais pas, qui va le faire ? » Après quelques jours de réflexion, Fabien décide de rester aux Philippines pour développer son projet : « Une fois l'idée en tête, impossible de penser à autre chose. Et encore moins au fait de revenir en France pour retrouver les bancs de l'école », nous confie-t-il. Ses parents sont d'abord très sceptiques, mais devant la détermination et l'enthousiasme de leur fils, ils l'écoutent et décident de lui faire confiance.

■■■

À 23 ans, Fabien crée donc Karpentoys, une entreprise sociale qui fabrique des jouets à base de bambous locaux, sans utiliser de produits toxiques. Fabien bute cependant sur un problème de taille : la filière du bambou est sous-développée aux Philippines – malgré un énorme potentiel –, ce qui l'empêche de passer d'une production de quelques échantillons à une production à plus grande échelle.

Il enchaîne alors les mésaventures d'un entrepreneur en herbe à l'autre bout du monde : « J'ai parcouru l'île de Luzon – la principale île de l'archipel philippin – pour trouver une source de bambou plus fiable. J'ai pris le bus pendant des heures pour arriver dans des lieux inconnus où je demandais à droite à gauche où je pouvais trouver du bambou, mais ça n'a pas vraiment été un succès. On a commencé à planter du bambou à la Ferme enchantée mais il faut attendre trois ans avant que ces bambous atteignent leur maturité. » Même problème pour la peinture puisqu'il ne parvient pas à trouver aux Philippines de peintures adaptées aux bambous, non toxiques pour les enfants, et respectueuses de l'environnement.

Cela fait alors plus d'un an qu'il est aux Philippines. Il a l'impression de ne pas avancer : « Quand j'ai commencé les jouets en bambou, j'avais en tête de faire quelque chose de 100 % local, 100 % sûr pour les enfants et le plus respectueux de l'environnement possible. Mais c'est difficile lorsque l'industrie et le marché ne sont pas encore prêts. » Devant l'ampleur de la tâche, il se décourage et s'apprête à abandonner. Après tout, il a peut-être encore une possibilité de terminer ses études en France.

Or Fabien n'a pas commencé son aventure seul, mais au sein du Center for Social Innovation (CSI) de Gawad Kalinga. Et c'est dans ces moments-là qu'être entouré de personnes partageant la même vision, le même engagement et la même énergie est le plus précieux. Comme lui, d'autres entrepreneurs sociaux du CSI ont échoué mais sont parvenus à rebondir. Fabien est soutenu et encouragé par Antonio Meloto en personne. Et lorsque ce dernier lui répète que rencontrer l'échec est normal dans une expérience entrepreneuriale, mais qu'il ne faut surtout pas abandonner, il reprend courage : comment repartir en France en laissant tout ce qu'il a initié derrière lui ?

Après plusieurs mois d'hésitation sur son potentiel retour en France, une nouvelle idée lui vient à l'esprit : si faire des jouets en bambou prend beaucoup de temps, pourquoi ne pas faire des peluches ? La réalisation est plus simple, permet de créer des emplois plus rapidement, et les communautés Gawad Kalinga comptent de nombreuses femmes qui ont de bonnes compétences en couture. Le projet reçoit un écho très favorable au sein du CSI et les femmes du village sont enthousiastes à l'idée de créer des jouets pour leurs enfants. Fabien est plus motivé que jamais et oublie aussitôt ses velléités de départ.

Il laisse donc momentanément Karpentoys de côté en attendant de pouvoir bénéficier d'un meilleur approvisionnement en bambou, et crée une deuxième marque, Plush & Play. Quelques mois plus tard, les premières peluches représentant des personnages en forme de fruits et légumes voient le jour. Elles font toutes référence à une personnalité du pays : on découvre ainsi le piment *Sili Crawford – sili* signifie « piment » en tagalog – qui renvoie au jeune chanteur Billy Crawford (oui, oui, il est philippin…) ou encore la pastèque *Manny Pakwan – Pakwan* veut dire « pastèque » en tagalog – en référence au boxeur Manny Pacquiao, autre superstar aux Philippines.

Fabien apprend à procéder par étapes et rentre peu à peu dans la peau d'un véritable entrepreneur : « Maintenant, j'évite de "trop" penser ; j'écoute mon instinct et je tente davantage de choses, que ça marche ou non. J'ai passé beaucoup de temps la première année à vraiment chercher la meilleure solution et en fin de compte, j'ai l'impression d'avoir perdu du temps. Mes études m'ont formé à préparer au mieux mon *business model* ou mon *business plan,* à anticiper tous les scénarios possibles, à bien analyser tous les paramètres pour éviter de commettre des erreurs, mais finalement, j'ai appris sur le terrain qu'être entrepreneur, c'est vraiment une question d'instinct. »

Pour le moment, faute de marché aux Philippines, les tissus de rembourrage sont importés de Chine. Mais en partenariat avec Gawad Kalinga et la Cotton Development Administration, Fabien prévoit de développer des champs de coton biologiques au nord des Philippines afin de remplacer ensuite le coton importé de Chine.

Aujourd'hui, Fabien possède son propre atelier de fabrication à la Ferme enchantée et emploie 12 salariés, dont 11 femmes, tous issus de la communauté Gawad Kalinga. La plupart du temps, les femmes peuvent travailler chez elles et concilier leur travail et l'éducation de leurs enfants. L'idée de travailler avec un Français ne leur pose pas de problème, au contraire : « Le fait qu'un étranger vienne ici pour nous aider à trouver une activité professionnelle nous redonne de la dignité. Fabien nous considère comme des associés dans son entreprise ; nous le traitons comme un membre de notre famille », témoigne Tita Fé, l'une de ses premières employées.

■■■

En un an d'activité, Plush & Play a vendu plus de 2 500 peluches, simplement en vente directe. L'aventure de Fabien débute seulement et ce jeune entrepreneur social de 24 ans rêve déjà grand : il espère donner du travail à 500 femmes d'ici cinq ans, et distribuer ses peluches via différentes chaînes de distribution.

Avec un tel objectif en tête, plus question d'envisager un retour en France, malgré les moments difficiles : « Je savais très bien que ce ne serait pas facile de démarrer mon entreprise sociale aux Philippines… Aujourd'hui, je travaille avec une dizaine de familles et je les considère comme des membres de ma propre famille, alors je ne vais pas les laisser tomber ! J'ai le sentiment d'avoir une mission qui me pousse à aller au bout de mon projet. Je reçois aussi le soutien et le respect de beaucoup de personnes. Cela m'aide à avancer, je me dis que je suis en train de faire quelque chose qui a du sens. »

Le parcours de Fabien n'est pas unique. Il illustre le choix de plusieurs jeunes en Europe, à qui la morosité ambiante a donné envie d'ouvrir leurs horizons et de rechercher des opportunités ailleurs : « En France, j'avais le sentiment que presque tout avait déjà été fait, alors qu'ici, il y a tant de terres disponibles et d'opportunités ! Les entrepreneurs sociaux que j'ai rencontrés aux Philippines ont une vision que j'ai vraiment voulu partager. J'ai l'impression que l'impact social que je peux créer ici est plus important que celui que j'aurais pu avoir en France », nous explique Fabien. Toutefois, il ne s'y est pas pris seul mais a construit son projet au sein du CSI après une longue immersion dans un village de l'ONG : « Quand j'ai commencé, je n'avais aucune expérience en charpenterie ou en couture, donc ce n'était pas facile de créer des jouets. Mais j'ai misé sur le partenariat avec les résidents de Gawad Kalinga ; j'ai voulu créer avec eux, apprendre avec eux, en faisant des erreurs et en nous améliorant ensemble. Patience et persévérance sont des maîtres mots », nous explique-t-il.

Surtout, pour entreprendre à l'autre bout du monde, précise-t-il, il faut faire preuve d'humilité, « mettre son ego et ses diplômes de côté et être beaucoup à l'écoute… plutôt que de croire que l'on arrive avec la meilleure idée et les meilleures techniques. Mon master en France ne m'a pas préparé à relever la moitié des défis auxquels j'ai fait face ici. »

Premier enseignement :

L'expérience de Fabien montre qu'il n'est pas impossible de se lancer dans l'aventure de l'entrepreneuriat social à l'autre bout du monde… à condition de passer par une longue phase d'observation, d'écoute, de compréhension, de s'associer à de bons partenaires locaux, de renoncer à vouloir calquer des manières de faire occidentales, et d'être prêt à surmonter de nombreux échecs et à rebondir.

Être intrapreneur social en Afrique : vivre la coconstruction

Portrait d'Isabelle Sultan, Lemateki, Sénégal (par Matthieu)

13 avril 2013, Dakar, Sénégal

Nous voilà sur le troisième continent de notre aventure : l'Afrique ! Après la préparation en Europe, deux missions aux Philippines et en Inde, nous atterrissons au Sénégal, le « pays de la Teranga » (« hospitalité », en wolof). Yassa poulet, fast-foods africains, taxis jaunes, rues ensablées, combats de lutteurs sur la plage, pirogues au large… Nous plongeons rapidement dans l'ambiance sénégalaise. Nous rejoignons pour trois mois les équipes de la Laiterie du Berger et de Lemateki, deux *social business* soutenus financièrement et techniquement par danone.communities. Au quotidien, nous travaillons auprès d'Isabelle Sultan, une Française expatriée depuis un an au Sénégal.

Samedi matin, 13 avril 2013, premier week-end au Sénégal. Une activité un peu particulière nous attend : Isabelle et son mari Pascal nous ont invités à les accompagner dans une des plus grandes décharges d'Afrique, pour y découvrir un projet de recyclage. Direction Mbeubeuss, où nous avons rendez-vous avec Ivan Le Mintier, fondateur d'Icthys, initiateur de nombreux projets d'entrepreneuriat social sur le continent africain.

La décharge a beau être située juste à la sortie de Dakar, nous sommes toujours à mi-chemin au bout d'une heure trente… coincés dans les bouchons entre taxis, transports en commun *alhamdoulilah* et autres calèches. Nous profitons de ce contretemps, bloqués dans les artères dakaroises, pour poser quelques questions à Isabelle. Nous découvrons une jeune maman engagée dans l'alimentation et la nutrition en Afrique.

■■■

Isabelle Sultan, 35 ans, aime les chemins de traverse. Diplômée de Sciences-Po et d'HEC, elle débute à 24 ans sa carrière en France, en marketing au sein de Danone, sur des « marques conventionnelles » dans les produits frais. À ce stade, sa ligne directrice est claire : « La performance, sans trop se poser de questions, probablement pour se rassurer et rassurer ses proches ! »

En 2005, à 27 ans, elle décide d'oser écouter ce qui fait sens pour elle, et de prendre le risque de le dire : « À ce moment-là, j'ai choisi de quitter l'autoroute pour aller sur la départementale et la piste même... sans penser que c'était moins bien, moins rapide, mais juste que c'était mieux pour moi. » Ce qu'elle recherche ? Une plus forte cohérence entre son projet de vie et son travail au quotidien. Isabelle rejoint donc l'équipe marketing de Les 2Vaches, une start-up engagée dans la promotion de l'agriculture biologique adossée à Danone.

Trois ans plus tard, Isabelle franchit une nouvelle étape : elle devient chef de projets senior dans l'équipe de danone. communities – elle est chargée de l'accompagnement opérationnel de projets. « C'est un métier passionnant », nous dit-elle avec un grand sourire. Basée à Paris, elle consacre 70 % de son temps à voyager pour accompagner les projets sur le terrain.

Elle travaille dans un premier temps sur le projet Grameen Danone Foods Ltd au Bangladesh, qui a pour but de combattre les carences nutritionnelles dont souffre un enfant sur deux au Bangladesh. Le *social business* emploie des femmes pour la distribution des Shokti Doi – yaourts renforcés en nutriments – dans les villages, ce qui leur permet de bénéficier de sources de revenu régulières et d'améliorer leurs conditions de vie. Après la crise économique de 2008, le prix des denrées alimentaires s'envole, et le *social business* est obligé d'augmenter les prix de ces yaourts pour parvenir à couvrir ses coûts… Les ventes baissent, et les femmes commencent à vouloir arrêter. « Quand j'arrive sur le projet en 2008, ma responsabilité est de relancer le réseau de micro-entrepreneuses », nous explique Isabelle. Elle aide les femmes à retrouver confiance en elles – car vendre au porte-à-porte peut être considéré comme de la mendicité au Bangladesh –, développe un marketing de proximité et optimise la distribution.

Dès octobre 2008, Isabelle prend aussi en charge l'accompagnement des projets au Sénégal. Marketeuse de métier, elle soutient l'équipe de Bagoré Bathily à la Laiterie du Berger. Elle pose le diagnostic suivant : depuis le lancement de la Laiterie du Berger en 2006, les produits sont commercialisés sous ce même nom, avec des recettes peu adaptées au goût des consommateurs, et les ventes stagnent. L'enjeu est de taille : remettre complètement à plat la marque et la gamme de produits. Isabelle aide ainsi la Laiterie du Berger à lancer mi-2009 la marque Dolima, qui signifie « donne-m'en plus » en wolof, estampillée du slogan « bon pour moi, bon pour mon pays ». Ce changement joue un rôle clé dans le gain de notoriété des yaourts : la marque Dolima parle beaucoup plus aux Sénégalais. L'artiste Ismaël Lô compose le jingle, le comédien Sanex, une célébrité locale, figure dans les publicités à la télévision : Dolima est aujourd'hui connue de tous à Dakar ! En cinq ans, les ventes ont été multipliées par cinq. Rappelons que la Laiterie du Berger est une entreprise sociale cherchant à valoriser le lait des éleveurs du Sénégal : vendre plus, c'est améliorer les conditions de vie d'un plus grand nombre de familles. Le marketing est un moteur pour atteindre à la fois la mission sociale et économique de l'entreprise. « Mon objectif est d'accompagner la Laiterie du Berger pour qu'elle atteigne son point d'équilibre, pour lui permettre de pérenniser son impact social », synthétise Isabelle.

Isabelle est aussi chef de projet Lemateki, un programme de lutte contre la malnutrition des enfants dans les écoles du Sénégal. Lemateki est une contraction de « manger, grandir, réussir » en wolof.

Au Sénégal, 60 % de la population vit avec moins de deux dollars par jour, et près de 20 % de la population souffre de malnutrition chronique. Les enfants sont particulièrement touchés par ce problème, avec des conséquences néfastes sur leur santé et leur aptitude à apprendre. « Un enfant sur deux à Dakar ne prend pas son petit déjeuner avant de venir à l'école. Comment bien apprendre lorsque l'on a le ventre vide ? Un enfant sur trois à Dakar souffre de carences en vitamines et nutriments. Comment bien grandir lorsque l'on n'a pas une alimentation complète ? » nous explique Emmanuel Ndione, secrétaire exécutif de Enda Graf Sahel, la structure qui porte le projet Lemateki.

L'enjeu de Lemateki est triple : renforcer la santé des enfants, augmenter leur assiduité et améliorer leur performance scolaire. Comment ? En distribuant dans les écoles un yaourt aux céréales locales fortifié en vitamines et nutriments, le Dolima Doolé, qui signifie « donne-moi plus de force », en wolof. Pendant notre mission, nous aurons l'occasion de participer à plusieurs distributions dans des écoles de banlieues populaires de Dakar. Il faut imaginer la scène : plus de 60 enfants dans la même classe, posant leur ardoise lorsqu'ils voient arriver ce qui remplacera le petit déjeuner que leurs parents n'ont pas pu leur donner à la maison. Ils dévorent leurs deux sachets de Dolima Doolé en quelques instants, le regard vidé par la fatigue pour beaucoup, des sourires en coin chez quelques-uns. Le produit est particulièrement apprécié des enfants car c'est un « *thiakry* », une recette populaire sénégalaise faite à base de yaourt et de céréales locales. Chaque sachet de Dolima Doolé apporte 20 % des apports journaliers recommandés par l'Organisation mondiale de la santé en zinc, fer, iode et vitamine A, pour un enfant de 7 à 9 ans.

Le produit est fabriqué et distribué à prix coûtant par la Laiterie du Berger, dans le cadre de sa mission sociale, comme en témoigne Bagoré Bathily, son fondateur : « Ce partenariat s'inscrit dans la stratégie de la Laiterie du Berger : améliorer la santé de la population par une alimentation saine et accessible dans notre pays où cet enjeu est si grand. » Le projet a dès lors un double impact : « en amont, par le développement de filières laitières et agricoles locales au Sénégal, et en aval, par la distribution de produits qui améliorent la nutrition des enfants », nous explique Isabelle.

La mission d'Isabelle est de pérenniser le modèle économique de la structure, qui fonctionne aujourd'hui en grande partie grâce à des subventions. Comment ? En allant vers un cofinancement, qui associerait les bénéficiaires (enfants, parents), l'État, un acteur privé (la Laiterie du Berger) et d'autres partenaires : autrement dit, son objectif est de transformer cette activité d'ONG en *social business* pérenne. Depuis trois ans, elle teste donc différents modèles économiques, avec pour objectif de s'adresser au plus grand nombre, tout en évitant la charité ou l'assistanat qu'impliquerait une gratuité complète des produits et des services.

« Un des grands enjeux est de faire en sorte que les communautés s'approprient les questions d'alimentation, de nutrition et d'hygiène, afin d'avoir un impact durable », comme l'explique Moustapha Dieng, responsable de l'appropriation communautaire. C'est pourquoi, outre la distribution de produits, Lemateki propose des formations et des actions de sensibilisation, notamment aux parents d'élèves, professeurs et collectivités locales.

Tout passe donc par la coconstruction, l'association de diverses parties prenantes autour d'un même projet, ce qui ne va pas sans difficultés : « Il a fallu passer beaucoup de temps pour comprendre les motivations de chaque partenaire, trouver un langage commun. La gouvernance est très complexe, mais elle permet à l'ensemble des acteurs d'apporter leur expertise et de s'enrichir mutuellement », nous confie Isabelle. « Si tous ces partenaires se réunissent et travaillent ensemble, c'est qu'il y a une part de rêve partagé par tous. Améliorer la nutrition et l'alimentation des enfants du Sénégal, c'est ça qui nous rassemble », continue-t-elle, les yeux qui brillent. Les débuts sont difficiles, mais Lemateki pourrait développer sensiblement les débouchés des filières laitières et agricoles du Sénégal, tout en permettant aux 3 millions d'enfants scolarisés au Sénégal d'être mieux nourris. Dans un pays où 55 % de la population a moins de 20 ans, l'impact serait décisif. Pour atteindre cet objectif, le chemin semble long, mais « une petite graine peut enfanter un grand baobab », comme le dit la sagesse africaine…

Pendant trois ans, de 2009 à 2012, Isabelle travaille au siège de Danone à Paris, et voyage la plupart de son temps pour accompagner les projets sur le terrain : « Ma vie personnelle me le permettait… puis la vie a suivi son cours, et ce n'était plus possible. » Isabelle se marie et a un enfant.

Danone.communities lui permet de s'installer à temps plein au Sénégal en 2012. « J'ai emmené mon mari et mon fils dans mon sac à dos », nous dit-elle avec humour, en jetant un regard complice à Pascal, qui commence à s'impatienter après deux heures coincés dans les vapeurs d'essence.

■■■

Nous arrivons à Mbeubeuss. Nous y découvrons un décor lunaire : des détritus amassés à perte de vue, dans lesquels s'activent des enfants qui ramassent et trient les déchets. Nous avançons dans la décharge à ciel ouvert, le souffle coupé. Une vision d'horreur. De l'espoir aussi : un projet de recyclage et de valorisation de matières plastiques vient de naître en plein milieu de la décharge.

De retour dans la voiture, nous reprenons nos esprits. Les premières minutes sont recueillies, nous sommes tous assommés par ce que nous venons de voir et de vivre. Après un moment, nous lui posons une dernière question : « Isabelle, dirais-tu que tu as plus d'impact en travaillant aujourd'hui sur des projets de *social business* au Sénégal que si tu le faisais en France ? »

La question n'est pas facile. Pour elle, la différence n'est pas dans la géographie, mais dans la maturité du projet en question, et dans la place que l'on se crée pour apporter sa pierre. Si Isabelle considère qu'elle aurait pu avoir autant d'impact en France qu'au Sénégal, elle ajoute que le fait de sortir de sa zone de confort, de travailler sur des nouveaux modèles d'entreprise et dans des pays qu'elle ne connaît pas lui a permis de développer de nouvelles compétences : « Avant danone.communities, je n'avais travaillé qu'avec des clones de moi-même en plus jeunes, ou des clones à peu près du même âge, ou des clones plus expérimentés… Aujourd'hui, je suis en pleine transformation. Dans ma pratique du *leadership* et du management, ma posture est celle de quelqu'un qui n'a pas de réponse à priori, qui écoute, qui s'appuie sur autrui, qui délègue davantage et qui fait confiance. » En particulier au Sénégal, Isabelle a dû réinventer sa manière de diriger, pour l'adapter à la culture sénégalaise de la « concertation collégiale, pratiquement sur tous les sujets ! »

Une belle rencontre, une jolie leçon de développement personnel aussi. « L'idée n'est pas d'être uniquement en performance mais d'avoir un impact et d'être en résonance avec mes émotions », nous souffle-t-elle.

Deuxième enseignement :

Les compétences en business acquises dans les pays du Nord peuvent être extrêmement utiles dans les pays du Sud, en particulier dans un cadre propice aux transferts de compétences – des projets construits avec des acteurs locaux, par exemple.

Se demander où agir n'implique pas seulement le choix d'un pays. Il faut avant tout sélectionner l'environnement dans lequel on est à même de donner le meilleur de soi.

Nous l'avons vu avec les exemples de Dylan Wilk, de Fabien Courteille et d'Isabelle Sultan : il n'est pas impossible d'entreprendre loin de chez soi, à condition d'être bien accompagné et de travailler dans une logique de coconstruction.

Cependant, entreprendre nécessite de comprendre son marché et les subtilités de ses interlocuteurs. Et lorsque l'on œuvre au service de l'intérêt général, il faut pouvoir échanger avec les bénéficiaires de son action. Autant de réalités qui facilitent naturellement un engagement des natifs dans leur pays.

L'innovation Sud-Sud : innover pour sa communauté

Portrait d'Ashmeet Kapoor, I Say Organic, Inde (par Jonas)

5 janvier 2013, au petit déjeuner, à Delhi

Je suis arrivé hier soir à Delhi où j'ai été accueilli par Ashmeet Kapoor, l'entrepreneur social pour lequel nous réalisons notre deuxième mission. En attendant que je trouve un logement, il m'héberge dans sa famille au sud de Delhi. Après une première nuit confortable dans la chambre d'amis, Ashmeet m'invite à venir prendre le petit déjeuner avec lui. Dosas, chapatis, puris, riz aux épices, chutney : un ensemble de plats traditionnels sont déjà servis sur la table de la salle à manger. Il n'est que 9 h 30 du matin, mais des odeurs d'épices remplissent déjà la maison. Même le thé, le chai – un thé au lait, sucré et épicé – a un goût très particulier. Tout est délicieux. L'immersion en Inde commence bien.

Matthieu ne nous a pas encore rejoints, puisqu'il participe au Jagriti Yatra – le tour de l'Inde en train à la rencontre d'entrepreneurs sociaux – qui se termine dans quelques jours, mais justement, le train s'arrête à Delhi cette après-midi. Ashmeet me propose donc de rejoindre les participants du Jagriti. Il connaît bien les organisateurs puisqu'il a lui-même été participant deux ans plus tôt. En route vers la gare, il me raconte pourquoi cet événement a été pour lui un déclic, à l'origine de I Say Organic, son entreprise sociale qui distribue directement aux consommateurs des fruits et légumes biologiques achetés à un prix équitable à de petits producteurs.

■■■

Ashmeet réalise de brillantes études d'ingénieur au Canada, puis aux États-Unis où il obtient un master d'entrepreneuriat à Brown University. Il commence par rejoindre une start-up aux États-Unis, puis décide de revenir en Inde pour participer au développement de son pays. Ingénieur de formation, il travaille dans le secteur de l'énergie solaire, et fin 2010, il participe au Jagriti Yatra, dans le but de mieux comprendre comment il peut être utile à son pays.

Une compétition de *business plan* est organisée à la fin de l'événement. Son équipe choisit un peu par hasard le secteur de l'agriculture. Il découvre alors les immenses enjeux de l'agriculture en Inde, et se rend compte qu'il peut, dans ce secteur, aider à la fois l'Inde rurale et l'Inde urbaine : alors que plus de la moitié des Indiens travaillent dans le secteur agricole, dont la productivité est très faible, « la grande majorité des fermiers sont sous-payés et utilisent des produits chimiques dangereux pour leur santé et celle des consommateurs», m'explique-t-il. Lors des seize dernières années, 250 000 paysans indiens se sont suicidés, notamment en raison du surendettement lié à plusieurs facteurs comme la nécessité de devoir racheter chaque année de nouvelles semences pour les cultures OGM. Par ailleurs, 20 millions de tonnes de céréales sont perdues chaque année en raison de mauvaises conditions de transport et de conservation.

Vainqueur de la compétition de *business plan* du Jagriti Yatra, Ashmeet quitte son emploi et décide de se lancer dans l'aventure de l'entrepreneuriat social. Il réalise une immersion de six mois dans un village, pour mieux appréhender les enjeux de l'agriculture classique et biologique, du point de vue des producteurs. Ensuite, il retourne à Delhi où il crée I Say Organic, dont la mission est de redynamiser les zones rurales indiennes en aidant les fermiers à vivre dignement de leurs revenus.

Comment ? « D'une part, en encourageant l'agriculture biologique qui limite le coût des « intrants » – engrais, pesticides, etc. – et permet aux producteurs d'améliorer à moyen et long terme la productivité de leurs terres. D'autre part, en limitant, entre le producteur et le consommateur, le nombre d'intermédiaires, qui poussent à la baisse le prix d'achat aux producteurs », me confie-t-il tout en slalomant entre les rickshaws dans les rues embouteillées de Delhi. « I Say Organic offre ainsi aux fermiers une meilleure rémunération – 25 % au-dessus du marché – et les encourage à opter pour des pratiques agricoles biologiques durables. »

Afin de développer l'intérêt pour les produits biologiques, I Say Organic livre à domicile des fruits et légumes. Ashmeet connaît bien sa cible puisqu'il a été élevé dans une famille végétarienne adepte du biologique. Les débuts sont prometteurs : « On remarque une prise de conscience progressive de la part des foyers aisés de Delhi : de plus en plus de gens réalisent qu'ils peuvent faire une différence en tant que consommateurs », me dit-il en haussant la voix pour couvrir les klaxons incessants. Aujourd'hui, I Say Organic travaille avec une cinquantaine de familles de fermiers présents dans cinq États indiens, et compte une clientèle d'environ 2 000 foyers. Après un an et demi d'activité, l'entreprise emploie une vingtaine de personnes.

Le succès d'I Say Organic s'inscrit dans un contexte de fort développement du marché du bio qui croît de 20 à 22 % par an en Inde. Mais Ashmeet voit déjà beaucoup plus loin : « Mon rêve est que d'ici 2050, plus personne ne parle d'agriculture biologique en Inde puisque tout sera devenu biologique. » Difficile à envisager, mais compte tenu de l'évolution rapide de la société indienne, ce rêve n'est peut-être pas si utopique.

À 26 ans, Ashmeet ne se serait sûrement pas lancé dans cette aventure si ambitieuse dans un autre pays que le sien. Son moteur personnel, c'est sa volonté de développer son pays, en offrant de meilleures conditions de vie aux agriculteurs, en préservant l'environnement et en protégeant la santé des consommateurs indiens. Sa connaissance de l'Inde, sa capacité à comprendre les attentes des agriculteurs et celles des consommateurs aisés dont il fait partie, ont permis à ce jeune entrepreneur de parier sur l'agriculture biologique en Inde. Un pari fou qui pourrait bien être gagné…

■■■

C'est aussi certainement le cas pour Bagoré Bathily, avec la Laiterie du Berger, au Sénégal. Sa connaissance des éleveurs peuls, sa capacité à communiquer avec eux et à établir une relation de confiance lui ont permis de créer cette filière laitière. Les idées d'Ashmeet et de Bagoré ne sont pas issues de théories, de livres ou de cours sur l'entrepreneuriat social. Elles ont émergé au contact des communautés de bénéficiaires. Mentionnons aussi Muhammad Yunus, qui a eu l'idée de la microfinance en travaillant avec les agriculteurs et les femmes de la région de Jobra, au Bangladesh. Cette immersion paraît difficile, voire impossible, lorsque l'on ne connaît pas la langue, les coutumes, les traditions et les besoins locaux. Antonio Meloto, lui, a passé six mois dans l'un des plus grands bidonvilles de Manille pour mieux comprendre les causes et les conséquences de la pauvreté. Et Gawad Kalinga revendique fièrement sa dimension patriotique : il s'agit de reconstruire le pays en une génération. C'est ce qu'Antonio appelle le *nation building* – la construction d'une nation plus prospère, plus juste, plus durable. Est-il possible de prétendre à cela sans être philippin ?

Troisième enseignement :

Des entrepreneurs sociaux dans le Sud entreprennent pour le développement de leur pays. La capacité à comprendre leurs bénéficiaires et à interagir avec eux sont de véritables atouts, qui peuvent être difficiles à acquérir pour des étrangers.

AGIR DANS LES PAYS DU NORD, OÙ LA PRÉCARITÉ AUGMENTE

L'entrepreneuriat social ne concerne pas seulement les pays du Sud. Ce nouveau modèle d'entreprise a aussi sa place dans les pays les plus développés, où les problèmes sociaux augmentent et où les pouvoirs publics ont de moins en moins de marge de manœuvre pour les résoudre.

Dans les pays développés, l'entrepreneuriat social concerne de multiples secteurs : insertion économique, santé, éducation, agro-alimentaire, lutte contre les exclusions, logement, protection de l'environnement... Parmi de très nombreuses initiatives, voici quelques exemples français :

Insertion économique : Réseau Cocagne

· Problème : le chômage crée des cercles vicieux d'exclusion de très longue durée ; la réinsertion par le travail s'appuie généralement sur des activités à faible valeur ajoutée, peu valorisantes pour ceux qui les exercent ; la France importe encore la grande majorité des légumes biologiques qu'elle consomme (source : Ashoka).

· Solution : « Les Jardins de Cocagne sont des jardins maraîchers biologiques à vocation d'insertion sociale et professionnelle. À travers la production et la distribution de légumes biologiques, sous forme de paniers hebdomadaires, à des adhérents-consommateurs, ces jardins permettent à des adultes en difficulté de retrouver un emploi et de (re)construire un projet personnel. » (Source : Réseau Cocagne.)

· Impact : 120 jardins maraîchers biologiques dans toute la France ; 4 000 jardiniers ; 20 000 familles d'adhérents-consommateurs ; près d'un salarié sur deux réussit à intégrer un emploi ou une formation à l'issue de son parcours d'insertion (source : Réseau Cocagne).

Santé : Siel Bleu

· Problème : le vieillissement de la population fait exploser les dépenses de santé ; le nombre de personnes dépendantes augmente rapidement ; l'isolement se développe (source : Ashoka).

· Solution : « Siel Bleu propose des programmes utilisant l'activité physique adaptée comme outil de prévention santé et de bien-être. Les différents pôles de Siel Bleu ont développé des programmes destinés à différents publics comme les jeunes retraités, les personnes âgées à domicile ou en rétablissement, les personnes en situation de handicap et les personnes atteintes de maladies chroniques ou de pathologies lourdes. » (Source : Siel Bleu.)

· Impact : Siel Bleu, qui emploie 230 salariés, intervient dans plus de 1 500 établissements chaque semaine ; 50 000 personnes bénéficient des programmes de Siel Bleu, dont 30 000 en institution ; de nombreux médecins prescrivent les activités Siel Bleu plutôt que des anxiolytiques (source : Ashoka).

Éducation : Môm'artre

· Problème : le déficit de solutions abordables et adaptées de garde d'enfants après l'école ; l'incompatibilité des horaires de travail avec ceux de l'école empêche certains parents de trouver du travail ; l'échec scolaire et social des enfants est fortement corrélé à l'absence d'encadrement de qualité après l'école et au manque d'ouverture culturelle (source : Ashoka).

· Solution : « Môm'artre est un mode de garde destiné aux enfants de 6 à 11 ans, abordable et global, offrant des tarifs adaptés aux revenus de tous (de 10 centimes à 10 euros par heure) et aux horaires d'ouverture élargis. » (Source : Môm'artre.)

· Impact : 7 antennes Môm'artre (5 à Paris et 2 en Province) ; plus de 650 enfants accueillis ; une étude[107] a prouvé l'influence positive de Môm'artre sur la créativité et la sociabilité des enfants (source : Ashoka).

Lutte contre les exclusions : Mozaïk RH

· Problème : les jeunes diplômés des quartiers sensibles mettent trois fois plus de temps à se faire embaucher que la moyenne française et acceptent souvent un job sous-qualifié, car ils sont stigmatisés du fait de leur origine et n'ont pas de réseau (source : Ashoka).

107 - Étude menée par Christelle Van Ham, spécialiste de l'évaluation de l'impact social des entreprises.

· Solution : « Mozaïk RH est le premier cabinet de recrutement et de conseil en ressources humaines, à but non lucratif, spécialisé dans la promotion de l'égalité des chances. Il intervient auprès d'entreprises privées et d'institutions publiques. » (Source : Mozaïk RH.)

· Impact : 4 000 candidats présentés et plus de 1 000 placements réussis ; plus de 60 entreprises clientes ; plus de 100 bénévoles, issus des entreprises, servant de mentors aux candidats ; développement d'un réseau national en franchise (source : Ashoka).

Logement : Le Chênelet

· Problème : il manque 800 000 logements sociaux en France ; ils sont souvent de qualité médiocre et stigmatisent leurs habitants ; 75 000 postes sont vacants dans le secteur du bâtiment ; la filière de l'habitat écologique reste peu développée en France et réservée à une population aisée (source : Ashoka).

· Solution : Le Chênelet est une entreprise sociale « pionnière du logement social écologique, qui crée un habitat valorisant en s'appuyant sur un réseau d'entreprises du bâtiment travaillant avec des personnes en insertion » (source : Ashoka).

· Impact : 30 maisons livrées dans le Nord et en Île-de-France ; l'entreprise fournit du travail à environ 230 personnes, dont 190 en contrat d'insertion ; elle est en train d'étendre son réseau à toute la France (source : Ashoka et Le Chênelet).

Protection de l'environnement : Enercoop

· Problème : 80 % de l'électricité consommée en France provient du nucléaire ; les énergies renouvelables, largement dominées par l'hydro-électrique, ne se développent quasiment pas (source : Ashoka).

· Solution : « Enercoop est le seul fournisseur d'électricité à s'approvisionner directement et à 100 % auprès de producteurs d'énergie renouvelable (solaire, éolien, hydraulique et biogaz). Ses bénéfices sont réinvestis dans les énergies renouvelables. » (Source : Enercoop.)

· Impact : Enercoop est le premier fournisseur d'électricité 100 % verte en France ; l'entreprise fournit en énergie 7 000 consommateurs, dont 4 000 sociétaires ; 55 producteurs fédérés ; des tarifs stables (source : Ashoka).

Le transfert d'idées et de compétences n'est pas unilatéral, du Nord vers le Sud. De nombreuses solutions innovantes, nées dans les pays du Sud, méritent d'être regardées de près, car il est possible d'en adapter certaines pour lutter contre la pauvreté dans les pays développés.

Découvrir une innovation sociale au Mexique et l'adapter en France

Portrait de Pierre-Emmanuel Grange, microDON, France (par Jonas)

21 mars 2013, à Delhi

Nous terminons notre deuxième mission. Lors des trois derniers mois, nous avons découvert comment un jeune entrepreneur social indien entend révolutionner l'agriculture dans son pays. Nous avons aussi appris à manger épicé sans avoir besoin de trois verres d'eau pour soulager la douleur, à zigzaguer entre les rickshaws, et à refuser poliment en hindi les très nombreux Taj Mahal miniatures que l'on a voulu nous vendre… Bref, si tout se passe bien, nous quitterons l'Inde dans quelques jours pour le Sénégal.

Aujourd'hui, avant de commencer la journée, petit coup d'œil à notre fil d'actualités Facebook où nous découvrons une bonne nouvelle :

« Nous sommes très heureux de vous annoncer que le Massachusetts Institute of Technology (MIT) classe notre cher président Pierre-Emmanuel Grange parmi les 35 innovateurs de moins de 35 ans les plus remarquables en France ! »

Le magazine *Technology Review* du MIT avait distingué en 2002 Sergey Brin, de Google, ou Mark Zuckerberg, de Facebook, en 2007… Rien que ça ! Avant notre départ en septembre 2012, nous avions eu l'occasion de découvrir microDON à Paris. Le parcours atypique de son fondateur vaut le détour.

Après un master à l'EM de Lyon[108], Pierre-Emmanuel rejoint General Electric en tant que chef de projets informatiques. Quelques années plus tard, il est envoyé au Mexique pour une mission de six mois. Son vocabulaire en espagnol se limite à l'époque à trois mots : « *si, una cerveza, un beso* » – « oui, une bière, un baiser ». Dès qu'il le peut, il évite de parler espagnol. Malheureusement, alors qu'il fait ses premières courses au supermarché, une vendeuse lui pose une question incompréhensible. Pensant plus raisonnable de répondre par « *si* » que par « *una cerveza* », ou « *un beso* », il acquiesce et se rend compte que le prix total de ses courses augmente de quelques centimes. Il vient de découvrir le principe de l'arrondi solidaire : sa facture a été arrondie à la hausse et les centimes collectés en plus sont reversés à une association caritative.

En rentrant chez lui, il repense à cette idée qu'il trouve très intéressante : l'opération est facile et instantanée pour le consommateur, et après tout, donner quelques centimes ne change pas grand-chose à la facture totale. Avec ce système, chacun peut contribuer à financer une action sociale sans se ruiner ! Pierre-Emmanuel se renseigne et se rend compte que ce système n'existe pas en France. Alors que les associations caritatives françaises peinent de plus en plus à trouver des financements, l'arrondi lui semble donc être une solution évidente.

À son retour, Pierre-Emmanuel crée une association et organise une opération pilote, parallèlement à son travail. Convaincu de « cette mécanique évidente », il quitte General Electric et devient entrepreneur social. Son ambition : « devenir Mme Chirac 2.0. ! » Il fait appel à Olivier Cueille, un ancien

108 - École de management de Lyon.

collaborateur de chez General Electric et, ensemble, ils lancent microDON en 2009, « la première entreprise sociale française proposant des outils de micro-collecte de fonds pour les associations[109] ». L'entreprise est incubée par l'ONG française PlaNet Finance, créée par Jacques Attali.

Trois ans plus tard, microDON devient l'un des *leaders* en France sur le marché de « la générosité embarquée » – c'est-à-dire la possibilité de greffer une opportunité de générosité sur les transactions du quotidien –, qu'elle propose aujourd'hui principalement sous deux formes : la générosité sur salaire et la générosité en caisse. La première offre aux salariés la possibilité de soutenir une association – en codécision avec l'employeur qui double la mise – par un don prélevé directement sur leur fiche de paie. Une vingtaine d'entreprises, comme Accenture, La Française des jeux ou NYSE Euronext sont déjà engagées dans ce dispositif. La seconde se compose de deux outils. D'une part, des cartes de don d'une valeur de deux euros munies de codes-barres qui peuvent être passées en caisse par le consommateur souhaitant réaliser un don. Ces cartes de don sont utilisées dans le cadre de campagnes événementielles de collecte de fonds dans des supermarchés partenaires. En 2013, plus de 150 associations ont été bénéficiaires d'opérations dans Paris, l'Essonne, les Yvelines et le Val d'Oise. D'autre part, l'arrondi, lancé en septembre 2013. Un premier grand distributeur national, Franprix, a décidé de mettre en place le dispositif dans ses points de vente, au profit des antennes locales de la Croix-Rouge et du Secours populaire. Le lancement du dispositif dans des premiers magasins Franprix a eu lieu le 18 septembre 2013, en présence du ministre délégué à l'Économie sociale et solidaire et à la

109 - MicroDON, dossier de presse, septembre 2012, p. 9.

Consommation, Benoît Hamon. Fin 2013, microDON décide d'aller plus loin et annonce le lancement de deux nouvelles déclinaisons : l'arrondi en ligne et sur relevés bancaires. L'arrondi a pour ambition d'être hissé au rang des plus grandes collectes de don en France, avec 5 à 10 millions d'euros par an.

Depuis 2012, des investisseurs solidaires ont rejoint le capital de microDON, permettant un développement plus rapide de l'activité. Le potentiel est fort car la France reste en retard dans ce domaine, notamment auprès des jeunes : « À l'heure d'internet et des réseaux sociaux, la jeune génération est friande de ces mini-dons instantanés. On pourrait ainsi contribuer à faire émerger une nouvelle communauté de donneurs solidaires[110] », commente Pierre-Emmanuel. Et ce qui se fait à l'étranger peut laisser rêveur notre entrepreneur social. Par exemple, au Mexique, l'arrondi en caisse (le *redondeo*) permet de collecter chaque année plus de 100 millions de pesos (environ 6 millions d'euros) alors qu'au Royaume-Uni[111], le don sur salaire (le *payroll giving*) permet de récolter près de 100 millions de livres sterling (environ 120 millions d'euros) auprès de 700 000 salariés anglais[112].

Pierre-Emmanuel n'a pas réinventé la roue ; il a « simplement » découvert une initiative au Mexique qu'il a adaptée à la France. C'est le principe de la *reverse innovation*, qui consiste à adapter et à reproduire une innovation sociale d'un pays du Sud pour répondre à un problème social d'un pays du Nord. C'est grâce à son séjour à l'étranger que Pierre-Emmanuel est

110 - Côme Bastin,« La générosite embarquée pour le *fundraising* de demain », *Wedemain.fr*, 9 août 2013.

111 - MicroDON, dossier de presse, octobre 2013, page 7.

112 - Christian de Boisredon, « Du business et du sens », Lexpress.fr, 17 septembre 2013.

devenu entrepreneur social. En apportant une solution qui n'existait pas en France, il aide aujourd'hui de nombreuses associations à diversifier des sources de financement qui s'étaient asséchées depuis la crise.

L'initiative de microDON est aujourd'hui reconnue dans les milieux de la finance solidaire et de l'entrepreneuriat social. Pourtant, comme dans toute aventure entrepreneuriale, tout ne s'est pas passé comme prévu : alors que le projet originel de microDON était l'arrondi, celui-ci n'a été lancé qu'en septembre 2013, quatre ans après la création de l'entreprise. Pierre-Emmanuel et son équipe ont dû faire preuve de ténacité pour gagner la confiance des entreprises, des collectivités et des associations.

Pierre-Emmanuel invite tous ceux qui souhaitent créer une entreprise sociale en France « à voyager, à découvrir le monde, à regarder ce qui se fait ailleurs pour s'inspirer et revenir en France pour adapter des solutions innovantes à fort impact social ». Et attention à ceux qui cherchent à vous décourager : « Il ne faut jamais écouter les personnes pessimistes et désabusées qui sont convaincues qu'en France rien n'est possible et que cela ne marchera jamais : essayez, échouez, améliorez, recommencez ! » conclut-il.

Quatrième enseignement :

Les besoins en France sont croissants et les entrepreneurs sociaux ont un rôle important à jouer. Or le parcours de Pierre-Emmanuel Grange peut rassurer de

nombreux jeunes : pour devenir entrepreneur social, il n'est pas forcément nécessaire d'inventer un concept révolutionnaire. Parfois, il suffit d'observer autour de soi pour prendre conscience d'un besoin encore insatisfait, ou pour découvrir des solutions qui mériteraient d'être développées près de chez soi.

Former des managers sociaux au Royaume-Uni

Portrait de Tom Rippin, On Purpose, Royaume-Uni (par Matthieu)

4 avril 2011, Holborn, Londres

Retour en arrière, bien en arrière. Jonas et moi sommes en deuxième année à l'ESCP Europe, sur le campus de Londres. L'idée de l'aventure Destination Changemakers est née depuis quelques semaines seulement. Nous avons la chance d'être à Londres, où beaucoup d'entreprises sociales se développent depuis quelques années pour compenser la baisse des services publics. Nous voilà partis à leur rencontre…

Ce lundi 4 avril 2011, rendez-vous avec Tom Rippin au café *Fleet River Bakery*, dans le quartier londonien d'Holborn. Quelques jours auparavant, je l'avais croisé au Sustainable Business Summit organisé à Londres par *The Economist*, et je lui avais demandé s'il accepterait de nous rencontrer pendant une heure. Il avait gentiment accepté. Nous descendons au sous-sol pour rejoindre Tom qui nous accueille chaleureusement. Nos attentes sont simples : découvrir son parcours d'entrepreneur social, et comprendre l'impact social et le modèle économique de son entreprise.

Tom commence donc par présenter son histoire. Après avoir soutenu une thèse en physique et passé plusieurs années à faire avancer la recherche contre le cancer, il veut travailler dans le secteur social. Il pense à entrer dans une grande ONG comme Oxfam, qui lutte contre les inégalités dans le monde, mais il hésite : quelles opportunités sa formation scientifique et son niveau d'expérience de l'époque lui offriront-ils ? Il décide de s'engager dans la voie du conseil en stratégie pour gagner en expérience. Brillant, il rentre chez McKinsey quelques semaines plus tard…

Ces cinq années chez McKinsey lui sont bénéfiques pour trois raisons principales, nous explique-t-il. Tout d'abord, il « y apprend à penser », en développant son esprit d'analyse et sa capacité à résoudre des problèmes complexes. Ensuite, il développe sa confiance en lui dans la mesure où il est amené à travailler au quotidien avec plusieurs dirigeants de grandes entreprises. Enfin, il se forge un réseau immense, composé des anciens de McKinsey et de ses nombreux clients.

Puis Tom se dirige vers le secteur social. Il rejoint RED, l'association fondée par le chanteur Bono pour lutter contre le sida en Afrique, en tant que directeur Europe. Progressivement, il découvre le monde de l'entrepreneuriat social et se rend compte qu'il existe beaucoup d'initiatives dans son pays. Surtout, il prend conscience que le Royaume-Uni est particulièrement avancé en matière d'entrepreneuriat social, et qu'aider au développement de ce mouvement dans son pays permettrait indirectement son développement dans le monde.

Après ses expériences dans la recherche, en entreprise et dans le secteur social, Tom crée donc sa propre entreprise sociale au Royaume-Uni, On Purpose, un programme de *leadership* pour former la nouvelle génération de managers qui veulent utiliser le pouvoir de l'entreprise pour améliorer la société.

À l'origine de cette création, un double constat : « Il est difficile pour les personnes qui veulent apporter une contribution à la société de trouver des opportunités dans le secteur social, parce qu'il y a peu de positions intéressantes pour ceux qui ne sont pas prêts à lancer leur propre entreprise sociale. Il y a en même temps un réel manque de managers et de *leaders* capables de "faire changer d'échelle" les entreprises sociales. Même s'ils ont un réel savoir-faire social dans le secteur, les *leaders* manquent souvent de qualités plus commerciales, et ceux qui combinent les deux sont rares. Or, ces compétences peuvent s'apprendre ! » En un mot, nous manquons aujourd'hui de managers capables de gérer une *double bottom-line,* c'est-à-dire de poursuivre à la fois des objectifs économiques et sociaux, et de faire grandir une entreprise sociale.

La première étape consiste à sélectionner des talents prometteurs pour intégrer son programme. Il cible des jeunes professionnels intéressés par le secteur social, avec en moyenne cinq à sept ans d'expérience professionnelle. Avoir un parcours académique prestigieux est un plus, mais ne suffit pas. Les candidats doivent surtout avoir fait leurs preuves dans leur travail et démontré leur passion et leur engagement social. Retenus au terme d'un processus de sélection très exigeant, ils rejoignent le programme et sont appelés *On Purpose associates*.

L'année se découpe en deux stages rémunérés – 21 000 livres sterling, soit 25 000 euros par an, en tout – de six mois, au sein d'entreprises sociales (Young Foundation, Comic Relief, Big Issue) ou d'entreprises engagées (O2, Ben & Jerrie's) parmi les plus prestigieuses du Royaume-Uni.

Ces expériences terrain sont complétées par un apport théorique. Chaque semaine, les *On Purpose associates* passent une demi-journée à se former dans quatre domaines : compétences professionnelles, bases commerciales, connaissance du secteur social et développement personnel. Les formations sont délivrées par des professionnels venant d'organisations prestigieuses, comme McKinsey, Bain & Company ou Ashoka.

Et ça marche ! On Purpose est en croissance régulière depuis sa création en 2010 : 5 *associates* pour la première année, 11 en 2011, 18 en 2012, 27 en 2012 et 2013. La grande majorité – 91 % – s'orientent durablement dans le domaine de l'entrepreneuriat social, avec un écart de salaire nul par rapport à leurs rémunérations précédentes dans le privé.

On Purpose a été rentable dès la deuxième année d'activité ! L'entreprise sociale se rémunère grâce à un système de commission : chaque entreprise partenaire qui reçoit un *associate* pendant six mois reverse une petite commission à On Purpose, et une plus importante si elle l'emploie sur le long terme.

■■■

Entreprendre dans son pays est apparu à Tom comme une évidence, pour montrer qu'un autre capitalisme est possible… contrairement à l'affirmation de Margaret Thatcher, « *There is no alternative* ». Tom considère que son action peut avoir également un « effet domino » en inspirant d'autres pays, du Nord comme du Sud. Nous vivons une époque charnière dans l'histoire, et les entrepreneurs sociaux expérimentent de nouveaux modèles dans le laboratoire du capitalisme de demain.

Cinquième enseignement :

En détectant un besoin social et une opportunité économique, il est possible de lancer en Europe une entreprise sociale avec un impact social prometteur, tout en réalisant des profits.

Tom Rippin vise les *leaders* de l'entrepreneuriat social de demain car il est convaincu – nous aussi – que cette manière de concevoir l'entreprise est amenée à se développer largement dans les pays du Nord, du fait des besoins croissants et du recul des pouvoirs publics.

CONCLUSION

L'entrepreneuriat social est un phénomène mondial. La raison en est simple : il y a des besoins non couverts partout. En tant qu'Européens, il est possible d'identifier des opportunités dans les pays du Sud, ou plus près de chez nous.

Dans les pays en voie de développement, les problèmes et les opportunités sont considérables. Ce qui ne signifie pas qu'il soit facile de s'y lancer, loin de là : possibles difficultés à comprendre les populations que l'on veut aider, à pallier le manque d'infrastructures, et à faire face à des environnements politiques parfois instables. Entreprendre dans un pays du Sud nécessite d'avoir un goût prononcé pour l'aventure. Le temps de lancement de l'entreprise est probablement plus long du fait de ces innombrables obstacles, mais le potentiel d'impact peut être considérable.

Au Sud, l'enjeu est de coconstruire. Au Nord, il est de reconstruire. Comparativement aux pays du Sud, les pouvoirs publics y sont plus présents – même s'ils reculent – et de nombreuses initiatives existent déjà : il est donc bien moins évident d'identifier un problème non couvert qui représente aussi une opportunité économique. Pour autant, une fois l'idée trouvée, il est relativement plus facile d'entreprendre dans son pays, dans un environnement social, culturel, économique, juridique dans lequel on baigne depuis son enfance.

Dans les deux cas, face à la globalité des enjeux, la nécessité est d'agir d'abord localement. Si les solutions sont bonnes, elles se répandront.

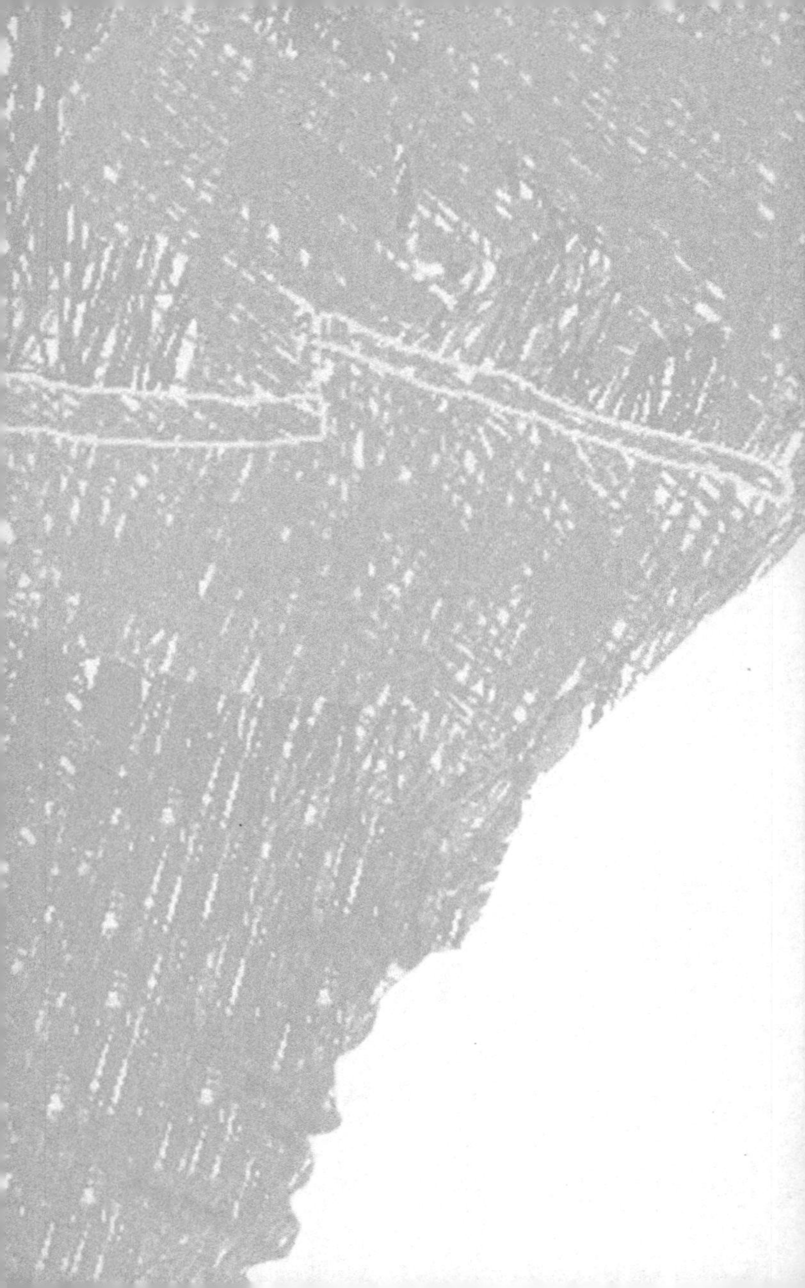

CHAPITRE 5

EN TANT QUE JEUNE, COMMENT AGIR ?

« Il meurt lentement
Celui qui devient l'esclave de l'habitude [...]
Celui qui ne prend pas de risques
Pour réaliser ses rêves. »

Pablo Neruda

La question du « quand » est probablement aussi essentielle que celle du « pourquoi », du « comment » ou du « où ». Un de nos premiers questionnements a été : « Est-il vraiment possible d'avoir un impact en tant que jeune ? Quel est le moment opportun pour s'engager ? Aujourd'hui, demain, ou après-demain ? »

Nos sociétés – et particulièrement la française – sont réputées pour donner peu de place aux jeunes générations. Dans leur article « Jeunes de France, votre salut est ailleurs : barrez-vous[113] ! », Félix Marquardt, le rappeur Mokless et

113 - Félix Marquardt, Mokless et Mouloud Achour,« Jeunes de France, votre salut est ailleurs : barrez-vous ! », *Libération*, 3 septembre 2012.

Mouloud Achour n'y vont pas par quatre chemins : « Vous vivez dans une gérontocratie, ultracentralisée et sclérosée, qui chaque jour s'affaisse un peu plus. Comment qualifier autrement, en 2012, une société où une élite de quelques milliers de personnes, dont la moyenne d'âge oscille autour de 60 ans, décide d'à peu près tout ? »

Dans notre entourage, on nous a souvent conseillé de faire nos armes avant de nous lancer. Emmagasiner de l'expérience, enrichir son CV, développer son réseau, mettre un peu d'argent de côté : autant d'atouts précieux à rassembler avant de démarrer une activité ! Mais comment faire ensuite, à 30 ou 40 ans, pour refuser une augmentation alléchante et choisir une aventure entrepreneuriale risquée, lorsqu'on a une famille et des enfants à charge ? Ne serons-nous pas devenus trop frileux ? Ne sera-t-il pas trop tard ?

Inversement, quelques individus – déraisonnables ? – affirment que la jeunesse est le meilleur moment pour entreprendre ! En effet, les jeunes qui se lancent risquent peu, étant donné qu'une expérience entrepreneuriale – même ratée – pourra toujours être valorisée par la suite. Par ailleurs, les jeunes sont capables de vivre avec moins, ce qui allégera considérablement la structure de coûts de l'entreprise. Certains vont même arguer qu'il faut commencer d'entreprendre pendant ses études, lorsqu'on n'a pas forcément encore besoin de revenus élevés. Et c'est assurément un moment idéal pour rencontrer de potentiels associés !

Alors qui écouter ? Comment faire pour s'engager au bon moment, pour ne pas confondre vitesse et précipitation ?

PEUT-ON AVOIR UN IMPACT EN TANT QUE JEUNE ?

De toutes les questions que nous nous sommes posées, celle-ci est probablement la seule à laquelle nous pouvons répondre clairement, de manière tranchée : oui, il est possible d'avoir un impact en tant que jeune ! De nombreux exemples nous ont rapidement ôté ce doute de l'esprit, en voici deux.

Les jeunes s'engagent pour développer leur pays, aux Philippines

Portraits de jeunes entrepreneurs du Center for Social Innovation, Philippines (par Matthieu)

Imaginez un peu. Imaginez une ferme à 1 h 30 d'autoroute au nord de Paris. Une vingtaine de jeunes diplômés de grandes écoles françaises viennent d'y lancer leur entreprise sociale, principalement dans le secteur agricole. Tous se sont vu offrir des postes dans des multinationales de renom, en France ou à l'étranger, mais c'est bien ce parcours d'entrepreneurs sociaux qu'ils ont choisi. Ils rêvent d'éradiquer la pauvreté en France grâce au pouvoir de l'entreprise.

Impossible ? Remplacez l'autoroute par une route hasardeuse, Paris par Manille et les grandes écoles françaises par les trois universités les plus prestigieuses des Philippines et vous y êtes : bienvenue à l'incubateur social de la Ferme enchantée de Gawad Kalinga. Ils sont Philippins, ont moins de 30 ans, ont suivi une formation de premier plan et sont entrepreneurs sociaux. Ils se lèvent à 5 heures du matin tous les jours de l'année, avec comme seul but : éradiquer la pauvreté aux Philippines en valorisant les richesses agricoles sous-exploitées de leur pays.

6 octobre 2012, *Enchanted farm*, Bulacan, Philippines

Voilà deux semaines que nous sommes arrivés aux Philippines. Nous nous acclimatons doucement à l'humidité et aux transports de la ville tentaculaire de Manille. Nous avons la chance d'être hébergés chez Antonio Meloto, dans sa cave aménagée : quelques lits de fortune accueillent en permanence les entrepreneurs sociaux ou volontaires de passage. Pas facile d'avoir un moment avec Tony, dans son emploi du temps surchargé. À 65 ans, il est tous les jours sur le terrain ou en rendez-vous à Manille, de 6 heures du matin à minuit. Alors, le meilleur moyen de le croiser reste le moment privilégié du petit déjeuner… à condition de se lever à 5 heures !

Ce samedi matin, nous n'avons pas vraiment le choix, Tony nous a donné rendez-vous : nous partons ensemble à 5 h 30 pour participer au Social Innovation Camp organisé par Gawad Kalinga, un week-end de sensibilisation à l'entrepreneuriat social, ouvert au grand public. C'est l'occasion pour nous de découvrir les jeunes entrepreneurs sociaux de la fameuse Ferme enchantée. Antonio Meloto nous confie dans la voiture : « Le futur appartient aux jeunes. Je ne m'entoure que de jeunes, je suis la seule personne âgée dans mon groupe, car je veux travailler avec des jeunes pleins d'idées nouvelles, qui veulent construire un monde meilleur que celui que nous leur avons transmis. » Le ton est donné. Arrivés à la Ferme enchantée, les jeunes entrepreneurs sociaux nous accueillent tour à tour dans leurs ateliers.

Premier arrêt : Bayani Brew, littéralement « la boisson des héros, des patriotes ». Trois entrepreneurs nous invitent à entrer dans l'atelier de fabrication, et se présentent. Ron Dizon, 30 ans, est diplômé de la prestigieuse université Ateneo et a travaillé neuf ans chez Hewlett Packard. Xilca Alvarez, même âge, est avocate. Shanon Khadka, 25 ans, est aussi diplômé d'Ateneo. Tous trois étaient destinés à de brillantes carrières toutes tracées. En 2011, de passage à la Ferme enchantée, ils goûtent les boissons concoctées par deux femmes du village, Tita Linda et Tita Yolly, réalisées à partir de *lemongrass* et de *kamote*. Ils découvrent « le génie des pauvres », ce savoir-faire unique qui consiste à connaître et à savoir valoriser les ressources locales. Ils prennent aussi conscience que 74 % des terres agricoles aux Philippines sont inexploitées et que le *lemongrass* et le *kamote* peuvent pousser partout… Seules, ces deux femmes, et de manière générale les communautés pauvres, ne peuvent pas développer une véritable activité commerciale : elles n'ont pas de terres, et encore moins de capital, de technologie ou d'accès au marché pour commercialiser leurs produits. Ron, Xilca et Shanon opèrent un virage à 90 degrés dans leur carrière et décident de devenir entrepreneurs sociaux. La boisson, jusque-là artisanale et servie chaude, est transformée en thé glacé pour pouvoir être commercialisée en bouteilles. Bayani Brew est lancé. Tita Linda et Tita Yolly inventent les premières recettes et sont les premières employées de l'entreprise sociale. Les thés glacés Bayani Brew contribuent à développer les filières agricoles philippines et à employer des personnes de communautés défavorisées.

Par leur parcours, par le nom qu'ils ont choisi pour leur entreprise sociale, Ron, Xilca et Shanon sont emblématiques de cette génération d'entrepreneurs sociaux en train de naître aux Philippines, accompagnée par l'incubateur de l'ONG, le Center for Social Innovation.

Quelques mètres plus loin, nous nous arrêtons à l'atelier de fabrication de Red Carpet, une entreprise sociale qui fabrique des sacs, des coussins et du linge de maison en tissu. À 23 ans, Jai Aguilar est cofondateur de Red Carpet, dont le but est de développer l'industrie textile philippine. Lui est diplômé de l'université La Salle, autre université majeure des Philippines. Il l'admet, lancer une entreprise dans le secteur textile peut à priori ne pas faire rêver un jeune diplômé. Mais « la couture est un des principaux savoir-faire de nos communautés pauvres. Ainsi, créer des emplois liés à la couture permet de créer de la valeur à la base de la pyramide économique. » Et, précise Jai, l'impact de Red Carpet dépasse la simple création d'emplois dans les communautés pauvres : « le potentiel d'impact social est énorme si nous atteignons une certaine échelle et que nous partageons les profits. Les pauvres détiennent 44 % de Red Carpet. »

Troisième arrêt dans la visite de la Ferme enchantée : Golden Eggs, une entreprise sociale qui produit des œufs salés, dont raffolent les Philippins. Alvie Benitez nous accueille. Il a 22 ans et il était aussi étudiant à Ateneo. Au printemps 2012, il décide d'arrêter ses études pour lancer son entreprise sociale, sentant qu'il ferait mieux de consacrer son temps aux populations défavorisées. Il raconte : « J'ai décidé de devenir entrepreneur social lorsque j'ai rencontré Antonio Meloto, un jour, dans mon université. Plutôt que de suivre le parcours classique et de travailler dans une grande entreprise, l'Asian Development Bank, les Nations unies ou une grande ONG, j'ai décidé de lancer mon entreprise sociale. J'ai choisi ce parcours parce que j'ai senti que je pourrais avoir plus d'impact tout en développant mes compétences. C'était comme faire d'une pierre deux coups. »

Nous repartons et nous arrêtons un peu plus loin, dans la serre biologique, au cœur des 14 hectares de la Ferme enchantée. Cherrie Atilano, tout sourire, nous explique son parcours et son travail. À 20 ans, elle reçoit le titre d'« Outstanding Student of the Year » aux Philippines et est employée la même année dans la plus grande entreprise philippine, Ayala Corporation. Deux ans après, elle dirige déjà une équipe d'une cinquantaine de salariés. Malgré l'avenir brillant qu'on lui prédit dans l'entreprise, elle décide de s'engager auprès de Gawad Kalinga. À 26 ans, elle gère deux entreprises sociales en même temps. Avec Blue Bamboo Ventures, elle commercialise des produits à base de bambou, conçus et fabriqués dans les communautés pauvres. Avec Agricool, elle sensibilise les plus jeunes au travail de la terre par des activités ludiques. Sa mission ? « Rendre l'agriculture à la mode, en faire un parcours de carrière désirable pour les jeunes ! »

Le Center for Social Innovation commence progressivement à attirer des jeunes entrepreneurs du monde entier. Deux Français en font maintenant partie, Fabien Courteille, le fondateur de Plush & Play, et Nicolas Durand, 26 ans, qui travaille pour l'Enchanted Farm Café, une chaîne de restaurants solidaires qui intègre dans ses menus les produits des autres entrepreneurs sociaux, comme les boissons Bayani Brew, les légumes Agricool ou les œufs salés Golden Eggs…

■■■

Diplômés des plus grandes universités, ils sont entrepreneurs plutôt que managers, travaillent avec des pauvres plutôt que des élites, et, pour couronner le tout, dans une ferme à 1 h 30 de Manille plutôt que dans un gratte-ciel : mais que leur est-il arrivé ? Avant la fin du week-end, nous menons notre petite enquête…

Avant tout, il y a l'envie d'être utile par son travail. De soutenir une cause. De contribuer au développement de leur pays. Dans ce pays très catholique, certains parlent de la volonté de « mettre leur foi en action ». Un jour, ils se découvrent une vocation d'entrepreneur social, c'est-à-dire la possibilité de mettre à profit leurs compétences pour les plus démunis. « Mon parcours d'entrepreneur social ? J'ai tout d'abord été inspiré par la grande vision de Gawad Kalinga d'éradiquer la pauvreté aux Philippines d'ici 2024. De cela a grandi un réel espoir pour un pays meilleur », explique Jai. Nicolas, l'entrepreneur français, est lui convaincu qu'« il appartient à [sa] génération de faire changer les choses ». Il précise pourquoi : « Le secteur privé détient aujourd'hui plus d'argent que les gouvernements et peut-être la réponse aux problèmes posés par la pauvreté et l'environnement. » Alvie, le benjamin de ce groupe d'utopistes pragmatiques, conclut : « Le monde change, et les anciennes manières de faire ne marchent plus. Nous, jeunes, sommes au cœur du changement et, chaque jour, chacun peut faire le choix de faire partie de ce changement ou de faire partie de l'ancien monde. »

Ce dimanche soir, je repars vers Manille un peu chamboulé. La Ferme enchantée m'a envoûté. Ce que je viens de vivre me renvoie à une citation de l'anthropologue Margaret Mead : « Ne doutez jamais qu'un petit groupe d'individus engagés puisse changer le monde. En réalité, c'est toujours comme cela qu'il a changé. »

Premier enseignement :

L'âge ne décide pas du succès. Ces exemples montrent qu'il est possible de créer de la richesse pour les plus démunis et des emplois lorsqu'on a 22 ans... Il est donc possible de s'engager dans une carrière utile socialement dès la fin de ses études. Et se dire que l'on ne peut pas réussir parce que l'on est trop jeune est souvent une fausse excuse !

La présence de modèles auxquels les jeunes peuvent s'identifier est essentielle. Et lorsqu'une dizaine de jeunes montrent qu'il est possible d'entreprendre avec succès, ils donnent envie à des centaines d'autres ! Les premiers à se lancer ont donc un potentiel d'impact indirect très important, par l'effet d'entraînement qu'ils suscitent.

Les gangsters qui changent le monde

Portraits de Christian Vanizette et Leila Hoballah, MakeSense, France (par Matthieu)

15 mai 2012, Maison de la mutualité, Paris

Le professeur Yunus est de nouveau de passage à Paris. Deux mille personnes sont rassemblées ce soir pour faire un bilan des premières expériences de *social business* à l'occasion des 5 ans de danone.communities. Pour moi, qui suis désormais en stage dans cet incubateur, la soirée n'est pas de tout repos : je m'occupe de certains aspects logistiques et, par conséquent, je ne peux pas assister à l'intégralité de la conférence…

Mais il y a une intervention que je ne veux rater sous aucun prétexte. Et pour cause… à 21 heures, s'élance sur scène l'intervenante la plus jeune de la soirée, Leila, qui se présente brièvement, et lance, pleine d'aplomb :

« Le challenge de MakeSense, que je vous soumets aujourd'hui, c'est de réussir à mobiliser d'ici trois ans 300 000 personnes dans le monde autour du *social business,* grâce à la magie d'internet et des nouvelles technologies ! »

Tonnerre d'applaudissements. Le professeur Yunus, au premier rang, arbore un immense sourire.

Utiliser internet pour développer l'entrepreneuriat social dans le monde entier ? Utiliser les réseaux *sociaux* pour aider les entrepreneurs *sociaux* ? Comment cela fonctionne-t-il ?

Revenons aux sources de MakeSense. Jonas et moi avions rencontré pour la première fois Christian Vanizette, le fondateur de cette entreprise, à Londres, un an auparavant. Avouons-le : lorsque l'on rencontre Christian pour la première fois, on ne sait pas trop à qui l'on a affaire… Cheveux longs, barbe de trois jours, look savamment négligé, toujours fourré sur Facebook et Twitter : on pourrait craindre le pire ! En réalité, il est peut-être l'un des jeunes entrepreneurs les plus prometteurs parmi ceux que nous avons rencontrés.

■■■

Christian est né et a grandi à Tahiti. En classe préparatoire, il crée Politita.net, le premier blog d'actualité économique et politique de Tahiti, qui devient rapidement le blog le plus lu de l'île. C'est la première fois que Christian s'implique dans les débats de société, en diffusant des recommandations politiques grâce à internet. Problème : son blog est largement lu, mais rien ne change. Frustré par la lenteur de l'action politique, impatient, il décide de s'orienter vers l'entrepreneuriat, où son impact pourra être visible plus rapidement, pense-t-il. Sa prépa à Tahiti terminée, il pose ses valises à l'école de commerce Euromed de Marseille. Côté expérience professionnelle, il rejoint pendant deux ans Gemalto, l'un des *leaders* mondiaux en matière de sécurité numérique et d'innovation, où il découvre la puissance des nouvelles technologies. Mais aussi leur limite : à quoi bon innover pour innover ? Christian précise : « On faisait discuter des machines avec des machines, par exemple des frigos avec des entrepôts de stockage. Mais certaines technologies manquaient de sens. » En parallèle, il s'engage dans différentes activités associatives, grâce auxquelles il rencontre des entrepreneurs sociaux. Vrai coup de cœur. Récapitulons : #web #entrepreneurship #innovation #newtech #sense.

En 2010, Christian approche de la fin de ses études, et il décide de lier les sujets d'innovation et d'entrepreneuriat social via les nouvelles technologies. Avec un ami d'Euromed, Romain Raguin, il part six mois en Asie pour rassembler les défis relevés par une centaine d'entrepreneurs sociaux, qu'ils mettent en ligne sur leur blog et partagent sur les réseaux sociaux. L'aventure suscite une grande émulation. De retour en France, d'autres personnes dont Leila se joignent à eux et ils créent ensemble MakeSense. Le but est simple : aider des entrepreneurs sociaux du monde entier, en leur permettant d'entrer en contact avec des personnes qui souhaitent leur apporter leurs idées et leurs compétences. MakeSense est un projet ouvert et collaboratif, inspiré de l'*open source*, ce qui signifie que tout le monde peut rejoindre le mouvement et participer à son développement.

Jonas et moi rejoignons l'aventure MakeSense assez vite. Une chose nous frappe immédiatement : tout est en anglais. Christian se justifie : « Le monde du *social business* est un petit monde. Si vous ne communiquez qu'en français et qu'aux Français, vous limitez votre public. Si vous communiquez en anglais, vous touchez davantage de personnes. » Grâce à ce parti pris, la communauté MakeSense explose très vite dans le monde entier : des « *hotspots* », c'est-à-dire des groupes locaux, poussent comme des champignons à Londres, Berlin, Barcelone, Singapour, Kuala Lumpur, Beijing, Le Caire, Dakar, Sao Paulo…

Si MakeSense plaît autant, c'est aussi parce qu'il y a tout un univers autour du projet. « On voulait quelque chose de décalé, nous confie Christian. Dès que l'on parle de changer le monde, il y a soit un discours un peu "bisounours", soit un discours de sacrifice. Changer le monde paraît ennuyeux, ce n'est pas drôle et donc ça n'attire pas les gens créatifs. En s'appelant les "gangsters", on voulait introduire un peu d'humour, et en plus ça fait écho à la culture des hackers. Mais après, je dois admettre que ça nous a échappé ! Les gangsters ont choisi de faire des hold-up d'idées. Ça a suscité tout un univers : on braque les idées les plus créatives pour les donner aux entrepreneurs sociaux, comme des Robins des bois des temps modernes ! »

En un peu plus de deux ans, MakeSense a permis de mobiliser 11 000 personnes pour résoudre 450 défis, lancés par 250 entrepreneurs sociaux, dans plus de 40 villes du monde entier. Les défis sont très divers : trouver le nom d'une entreprise sociale, lancer une campagne de communication originale, développer une activité dans un nouveau pays… Le format le plus utilisé est le hold-up, qui réunit 8 à 15 personnes. Idées, Post-it, rires fusent pendant environ deux heures. L'énergie et l'enthousiasme qui ressortent de l'exercice sont communicatifs. Participer à un hold-up est une bonne cure de jouvence pour ceux qui pensent encore que notre génération est uniquement composée de jeunes individualistes et fainéants ! À l'issue de cet atelier, le porteur de projet reçoit environ 100 idées « brutes » et 5 « concepts-solutions », plus élaborés. Et ça marche : 91 % des entrepreneurs sociaux déclarent que le hold-up les a aidés à résoudre leur défi, et ils bénéficient tous gratuitement de l'atelier !

La communauté, ou le gang, compte aujourd'hui environ 600 membres aux quatre coins du globe. Que recherchent ces jeunes qui passent parfois soirs et week-ends à aider bénévolement des entrepreneurs sociaux à chercher des solutions ? Les gangsters participent parce qu'ils apprennent, s'amusent – ils se retrouvent régulièrement à des SenseDrinks, lors desquels ils discutent autour d'une bière – sont reconnus – les gangsters peuvent recevoir des badges en fonction de leur implication – et se constituent un réseau.

Reflet de la mondialisation, les participants sont d'origines très diverses : qu'est-ce qui relie Félix, un Français à Londres, Ismaïl, un Algérien à Berlin, Vaibhav, un Indien à Santiago du Chili, Veronica, une Égyptienne en Italie, Simon, un Anglais à Nice, Kenny, un Chinois qui fait un tour du monde sur le thème de l'innovation sociale et Francisco, un Brésilien qui fait un tour d'Europe au sujet de l'éducation ? L'envie de « hacker le capitalisme à l'aide du virus du *social business* ». Leurs armes ? Beaucoup de passion, des Post-it et le pouvoir des nouvelles technologies. « On n'aurait jamais pu faire ça sans Facebook et ses fantastiques possibilités pour relier les gens », reconnaît Christian. Il continue : « Moi je ne voulais pas faire quelque chose pour les populations démunies en Inde, je ne suis pas le mieux placé pour les aider. Ce que je connais bien, c'est ma génération, ce sont les réseaux sociaux. Alors pour moi, la meilleure option, c'était de créer un endroit où les gens peuvent attraper le virus de l'entrepreneuriat social. » Chacun échange quotidiennement avec tous, les interactions sont incessantes. La croissance de la communauté est exponentielle. Partout où nous sommes passés, à Londres, Paris, Vienne, Manille, New Delhi, Dakar, nous avons rencontré des gangsters avec qui nous sommes entrés en contact via Facebook.

Christian est un entrepreneur d'un genre nouveau. Guidé par sa passion et son instinct, il se lance dans MakeSense sans véritable modèle économique. Il est le connecteur 2.0 : armé de ses deux meilleurs amis, son smartphone et ses Post-it, il met en relation les gens qui veulent rendre le monde meilleur. Christian n'aime pas parler de lui. Il n'utilise pas le « je », toujours le « nous ». Profondément influencé par la culture *open source*, il fait systématiquement participer les autres. « Bon, c'est bien beau tout ça, mais comment il gagne sa vie, Christian? » C'est là qu'entre en jeu Leila Hoballah, 27 ans, fondatrice de CommonsSense, une des branches commerciales de MakeSense.

Leila est libano-colombienne. Depuis toute petite, elle voit les inégalités criantes en Colombie, la pauvreté au Sénégal – où elle passe une partie de son enfance – et au sud du Liban. « Quand j'étais petite, je voulais être Kofi Annan puis reporter de guerre », dit-elle avec un sourire. Sa fibre sociale remonte à son enfance donc, son engagement à son adolescence : elle organise dans son lycée la manifestation contre la guerre en Irak et collecte des fonds pendant sa prépa pour les victimes du tsunami en Asie. Elle n'oublie pas le conseil d'un professeur d'histoire, « si tu veux changer le monde, fais-le de l'intérieur » : progressivement se fait le lien avec le monde de l'entreprise. Elle découvre successivement le développement durable, la responsabilité sociale des entreprises, le microcrédit puis l'entrepreneuriat social. Brillante, Leila se paye le luxe de refuser HEC pour l'ESCP Europe, car elle a l'impression que l'école est plus ouverte, notamment à l'international. À la fin de sa première année d'école de commerce, elle part aux Philippines pour une mission humanitaire… elle est la première Française à « découvrir » Gawad Kalinga ! Après ses études, elle voyage et rencontre des entrepreneurs sociaux en Inde et en Colombie. C'est à ce moment qu'elle entre en contact avec Christian, alors en voyage en Asie du Sud-Est, et rejoint l'aventure MakeSense.

Alors que MakeSense se crée sous forme d'association en août 2011, Leila lance une branche commerciale, sous forme de SAS : CommonsSense, la déclinaison de MakeSense pour les entreprises. Fort de l'expertise de MakeSense, CommonsSense aide des entreprises à créer et animer des communautés de collaborateurs et de partenaires pour résoudre leurs défis spécifiques , comme la création d'un nouveau produit, ou le lancement d'une campagne de communication. Le besoin est réel : les entreprises sont conscientes qu'il leur faut innover pour renforcer leur compétitivité, mais ont souvent beaucoup de mal à le faire. CommonsSense travaille avec de prestigieux clients : Orange, Danone, Suez environnement... Plus de 50 % du chiffre d'affaires 2012 de CommonsSense a été reversé à MakeSense pour assurer sa pérennité. On parle de « *social business on top of MakeSense* » : en échange de l'utilisation de sa notoriété et de ses méthodes d'innovation,

CommonsSense s'engage à reverser une partie de ses bénéfices à MakeSense, lorsque cela est possible. Idéalistes oui, mais pragmatiques avant tout.

SenseSchool est une autre branche commerciale : la déclinaison de MakeSense pour… les étudiants ! Fondé par Marine Plossu et Caroline Delboy, deux jeunes diplômées de l'ESCP Europe, SenseSchool intègre la résolution de défis d'entrepreneurs sociaux dans des cours d'écoles et d'universités. En un peu plus d'un an, 1 200 étudiants de dix partenaires académiques, dont 3A, HEC et ESCP Europe, ont résolu les défis de 38 entrepreneurs sociaux. Tous ces jeunes innovateurs sont hébergés dans le SenseCube, un accélérateur de start-up sociales et un espace collaboratif de travail dans le 19e arrondissement de Paris, récemment créé par Alizée Lozac'hmeur, à sa sortie d'HEC.

Grâce à ce modèle économique hybride, presque tout le monde au sein de MakeSense, SenseSchool et CommonsSense est rémunéré.

Le chemin parcouru par MakeSense en deux ans est impressionnant. Début 2013, Christian Vanizette faisait partie des 15 jeunes entrepreneurs sociaux invités à l'Élysée par François Hollande, pour donner leurs idées afin de développer l'« économie positive » en France, et nourrir le rapport commandé à Jacques Attali par le président de la République. Comme un symbole : celui qui a choisi la voie de l'entrepreneuriat se retrouve aujourd'hui consulté par le politique… En sortant de la réunion, premier réflexe : il poste sur Facebook la photo où il serre la main du président, assorti d'un commentaire, en anglais bien sûr, qui dit en substance cela : « C'est cool de rencontrer le président et d'être consulté pour la rédaction d'un rapport, mais il faudra attendre longtemps avant que des choses concrètes soient mises en place… alors n'oubliez pas d'être dans le concret en aidant un entrepreneur social dans votre ville dès aujourd'hui ! »

Beaucoup reste à faire pour passer de 10 000 à 300 000 bénéficiaires d'ici trois ans. Aujourd'hui, MakeSense cible les « Idéalistes 2.0 » : des jeunes ultraconnectés, curieux, ayant fait des études et beaucoup voyagé, conscients des enjeux du monde contemporain. La prochaine étape consiste à réussir à impliquer les « dandys nantis », trentenaires, citadins, ayant un travail et une situation confortable mais cherchant à donner du sens à ce qu'ils font car ils se sentent en décalage avec leurs aspirations profondes, et les « papas et mamans qui vont aux réunions parents-profs », quadras ou quinquas qui souhaitent avoir un impact local dans leur quartier, pour améliorer les conditions de vie futures de leurs enfants, nous explique Christian. Ces cibles utilisant moins les réseaux sociaux, des partenariats sont essentiels ici encore, et de nouveaux canaux sont à inventer !

Enfin, lorsque l'on demande à Christian Vanizette s'il pense qu'un jeune peut vraiment avoir un impact, il répond sans hésiter : « Je suis convaincu que les jeunes peuvent avoir un impact plus grand que les personnes plus âgées ! » Il avance un argument principal. « Les plus jeunes, *digital natives*, nés avec un téléphone portable et un clavier d'ordinateur dans la main, sont en permanence connectés avec le reste du monde. L'utilisation d'internet et des réseaux sociaux à bon escient peut leur permettre de ressentir et de comprendre les phénomènes mondiaux instantanément. Autres avantages de la jeunesse : moins d'exigences de confort, plus de temps à consacrer au travail car ils n'ont pas encore d'enfants, une plus grande résistance à la fatigue, la possibilité d'impliquer des amis qui ont du temps… et surtout peut-être quarante ans devant eux pour améliorer leurs actions ! »

Deuxième enseignement :

C'est après avoir multiplié des expériences très diverses, dans différents projets et dans différents coins du monde, que Christian et Leila ont finalement trouvé leur voie. À la sortie de leurs études, ils ont pris le risque de suivre leur passion et de se lancer dans une aventure dans laquelle ils trouvent du sens au quotidien. Ils ont développé ensuite un modèle économique, qui leur permet de se rémunérer. Christian et Leila illustrent de la meilleure des manières l'un des enseignements du Jagriti Yatra : « Pour être entrepreneur, il faut trouver une bonne idée, bien s'entourer, montrer sa passion... et l'argent viendra dans un second temps ! »

La réussite de MakeSense démontre tout le potentiel des nouvelles technologies et des modèles *open source*, qui permettent de reproduire des solutions ou des pratiques dans le monde entier à une allure inédite.

Alors oui, les jeunes peuvent transformer la société. Les fondateurs de Google, de Microsoft et de Yahoo avaient 24 ans en moyenne lorsqu'ils se sont lancés ! En l'espace d'une vingtaine d'années, ces entreprises ont radicalement changé notre quotidien.

C'est aussi la grande idée du professeur Yunus : « La nouvelle génération est la génération la plus puissante de l'histoire de l'humanité. Non pas que les jeunes soient plus intelligents que ceux des générations précédentes, mais parce qu'ils bénéficient du potentiel énorme des nouvelles technologies. » Il nous invite à comparer ce qui existait il y a vingt ans et ce qui existe aujourd'hui. L'exercice est intéressant : imaginez, il y a cinq ans, Twitter n'existait pas. Il y a dix ans, pas de Facebook. Il y a quinze ans, le géant Google naissait à peine ! Il y a vingt ans, internet balbutiait : en 1993, on comptait 130 sites internet[114], en 2012, 634 millions[115]. « Maintenant, imaginez ce qui pourrait exister dans vingt ans ! Asseyez-vous et écrivez une liste de choses que vous pensez impossibles » nous invite à faire le professeur Yunus. Pourquoi ? Parce que « la distance entre le possible et l'impossible se réduit grâce à la technologie. Rien n'est impossible. Ce n'est qu'une question de temps. »

C'est à nous, jeunes, de construire le monde que nous voulons vraiment. Comme l'argent, les nouvelles technologies sont un excellent serviteur, et nous avons probablement le privilège d'être mieux armés que les générations précédentes pour résoudre les problèmes auxquels nous nous attaquons. Mais, comme l'argent, les nouvelles technologies peuvent être un très mauvais maître : à nous de faire en sorte de placer notre créativité, notre énergie et nos talents au service de la résolution des vrais problèmes du monde.

114 - « *How We Got from 1 to 162 Million Websites on the Internet.* », royal.pingdom.com.
115 - « *The Internet in 2012 : 634 Million Websites, 2,4 Billion Users.* », mashable.com.

COMMENT AVOIR UN IMPACT EN TANT QUE JEUNE ?

Oui, il est donc possible de se lancer en tant que jeune, mais la route est longue pour celui qui veut tenter l'aventure. Alors comment faire pour ne pas perdre ses idéaux en chemin ? Un discours nous a particulièrement éclairés sur cette question.

Capitaliser sur sa formation pour suivre ses idéaux

Souvenir d'un discours de Martin Hirsch, France (par Jonas)

7 septembre 2009, journée de rentrée à l'ESCP Europe, Paris

C'est le jour de la rentrée à l'ESCP Europe. Je suis très excité à l'idée de rejoindre cette école que je rêvais d'intégrer depuis deux ans. Matthieu et moi ne nous connaissons pas encore. Nous sommes accueillis dans un grand amphithéâtre. Je m'assois au fond pour écouter les discours de bienvenue qui s'enchaînent, tous plus ou moins semblables. En substance : « Bravo d'avoir intégré cette prestigieuse école, la plus vieille école de commerce du monde, fondée en 1819. » Alors qu'en fin de matinée, mon attention commence à décliner, j'aperçois Martin Hirsch qui entre dans l'amphithéâtre. Que fait lors de cette journée d'intégration ce haut-commissaire aux Solidarités actives contre la pauvreté ? Le directeur général de l'ESCP Europe nous annonce que Martin Hirsch est venu nous donner une leçon inaugurale. Je me redresse sur mon siège et prête davantage attention à ses propos.

Ce jour-là, cet énarque engagé n'est pas venu pour nous féliciter, mais pour nous mettre en garde contre une situation qu'il a vécue lors de son intégration à l'ENA, en 1988. À l'époque, c'est son père qui l'avait averti dans une lettre dont il nous fait partager le contenu : « Fais attention, tu rentres dans la zone de tous les dangers : tu vas rentrer dans un univers qui se croit sûr de lui, un univers qui se pense fermé… » Martin Hirsch s'adresse ensuite directement à nous : « Vous entrez dans un cercle dans lequel vous allez croire que vous vous suffisez à vous-mêmes et dans un système dans lequel vous pouvez remplir votre vie de creux […]. J'ai toujours eu envie de transmettre cette lettre, de transmettre cette idée que d'un côté vous accédez à des possibilités qui sont formidables, mais que vous pouvez peut-être gaspiller ou mal utiliser. »

En cette journée de bienvenue, le message est moins sympathique à entendre que les autres discours de félicitations. Dans l'amphithéâtre, les étudiants sont interpellés par les propos de trouble-fête de Martin Hirsch. Son message est clair et percutant : faire des études prestigieuses n'a pas comme finalité de rejoindre une élite pour obtenir les meilleures rémunérations. Les études doivent donner aux jeunes les clés nécessaires pour imaginer le monde de demain, celui dans lequel ils souhaitent vivre. Pour Martin Hirsch, la question du sens, du but des études est fondamentale en temps de crise : « la crise actuelle n'est pas qu'une crise économique, une crise financière et une crise sociale ; c'est plus que ça : c'est aussi une crise des valeurs, c'est aussi une crise de sens, et ces facteurs sont intimement liés ».

L'une des caractéristiques de la jeunesse, de la « génération active », précise-t-il de façon plus enjouée, c'est de rester « traversée par des idéaux, des utopies, des envies d'engagement, souvent un certain altruisme, une force qui consiste à dire que l'on doit pouvoir agir sur ce qui n'est pas bien dans le monde ». Le problème, nous avertit-il immédiatement, c'est que l'on vit dans « un système qui, année après année, cours après cours, expérience professionnelle après expérience professionnelle, cherche à vous convaincre que grandir, c'est céder une partie de ces idéaux. [...] Au mieux, on va vous dire,"vos idéaux sont très sympathiques, mais rangez-les de côté, et ressortez-les quand vous aurez 68 ans. [...] Mais entre-temps, oubliez cela, soyez dans le monde réel" ».

En réécoutant aujourd'hui le discours de Martin Hirsch sur Youtube, je prends conscience à quel point ses propos étaient justes. En effet, tout au long de mes études supérieures, j'ai entendu les mêmes refrains : « commence d'abord par faire tes armes », « tu vis vraiment dans un monde de "bisounours", grandis un peu maintenant », « ce que tu dis est bien beau, mais si les utopies fonctionnaient dans la réalité, ça se saurait ! »

Peu à peu donc, alors que nous nous professionnalisons, nous laissons de côté nos idéaux. Nous commençons parfois même à avoir honte de les défendre. Soutenir que l'entreprise peut lutter efficacement contre la pauvreté ou le réchauffement climatique tout en faisant des profits devient presque risible aux yeux de la majorité. Les passionnés de développement durable, d'entrepreneuriat social ou de microfinance sont jugés idéalistes, utopistes, rêveurs. Si l'on croit à cela, nous dit-on, c'est que l'on n'a pas bien conscience du fonctionnement du monde de l'entreprise, de celui de la finance, et des tenants et aboutissants du capitalisme.

C'est vrai d'une certaine façon… C'est vrai que le réchauffement climatique ne pourra probablement pas être totalement évité, et que les inégalités sont intrinsèques au capitalisme. C'est vrai aussi que le *social business* ne remplacera pas le business classique en quelques années. C'est vrai enfin que concilier rentabilité économique et impact social n'est pas facile. Beaucoup d'entreprises peinent à être rentables : dès lors, se préoccuper de leur impact social ou environnemental est un luxe qu'elles ne peuvent pas se payer.

Mais cela doit-il nous empêcher pour autant de croire que l'on peut mieux faire les choses, que l'on peut entreprendre autrement en faveur de la société, que l'on peut faire des profits en faisant le bien ? Dans son livre *Éloge de l'optimisme, Quand les enthousiastes font bouger le monde,* Philippe Gabilliet, professeur associé à l'ESCP Europe, présente la puissance de l'optimisme[116] : selon lui, il est pertinent en temps de crise « d'être optimiste de but, mais pessimiste de chemin » ; autrement dit, il faut croire en sa capacité à changer les choses, mais être conscient des difficultés pour mieux les surmonter.

Pour faire avancer les choses, il faut accepter une part d'idéalisme… à condition d'utiliser des exemples concrets pour illustrer ces idéaux. Pour convaincre, la preuve par l'exemple est nécessaire, car, comme le disait François de la Rochefoucauld, « rien n'est aussi contagieux que l'exemple ». C'est aussi la conviction de Maria Nowak, la fondatrice de l'ADIE : « En pratiquant la méthode de l'exemple, ce sont ceux qui entreprennent qui portent le changement, qu'ils soient associations, banques ou entreprises socialement

116 - Philippe Gabilliet, *Éloge de l'optimisme, Quand les enthousiastes font bouger le monde*, éditions Saint-Simon, 2010.

responsables. Il ne sert à rien de faire la révolution. C'est l'exemple qui compte, celui de Danone, de Veolia ou d'Essilor à l'échelle internationale, mais aussi, en France, la patiente démonstration de l'ADIE et de ses partenaires bancaires, des Jardins de Cocagne, ou du Relais[117]. » Cela peut être difficile car ces exemples sont encore trop méconnus, mais ils existent, se multiplient et changent progressivement nos manières de penser et d'agir. En tout cas, cela vaut le coup d'y croire. Qu'avons-nous à y perdre ?

L'important est de faire preuve de sagesse, au sens d'Oscar Wilde : « La sagesse, c'est d'avoir des rêves suffisamment grands pour ne pas les perdre de vue lorsqu'on les poursuit. » Et si vous avez peur d'oublier peu à peu vos rêves et vos idéaux, tous les moyens sont bons. Un ami, Thibault, a une méthode bien à lui : mettre un Post-it sur son frigo pour se rappeler chaque matin qu'après quelques années dans le conseil en stratégie, il aura acquis l'expérience et le réseau dont il estime avoir besoin pour une carrière ayant davantage de sens pour lui…

117 - Maria Nowak, *L'Espoir économique, De la microfinance à l'entrepreneuriat social : les ferments d'un monde nouveau*, éditions JC Lattès, 2010.

6 septembre 2013, à l'ESCP Europe, Paris

Quatre ans après le discours de Martin Hirsch lors de notre rentrée à l'ESCP Europe, Matthieu et moi sommes invités par Claudine Bertin-Lord, directrice du développement institutionnel de l'école, pour souhaiter la bienvenue aux 450 étudiants de la nouvelle promotion, présenter notre parcours, et en particulier notre projet Destination Changemakers. Avec d'autres jeunes diplômés venus présenter leurs projets entrepreneuriaux, nous invitons les jeunes intégrés à réfléchir à la finalité qu'ils veulent donner à leurs études, à questionner les enseignements qu'ils vont recevoir et à réfléchir à ce qu'ils souhaitent en faire. Nous leur conseillons aussi de multiplier les expériences associatives et professionnelles, qui complètent les cours.

En quatre années, l'école a changé. C'est d'abord la première fois de son histoire – depuis 1819 – qu'elle donne la parole à des étudiants ou jeunes diplômés aux parcours hors des sentiers battus pour accueillir la nouvelle promotion. Les discours plus traditionnels ont aussi évolué, agréable surprise pour nous. Maria Koutsovoulou, directrice académique de l'école, a ainsi déclaré lors de cette matinée : « Nous cherchons à former des adultes responsables, des managers qui placent l'homme au cœur de leurs actions. Alors avant toute chose, demandez-vous bien pourquoi vous êtes ici. »

Dans les semaines qui suivent, je serai à nouveau surpris par le changement de discours. Au sein de la chaire Entrepreneuriat de l'école, je prends conscience à quel point les professeurs de cette option nous invitent à concevoir l'entrepreneur non plus comme un acteur cherchant à maximiser ses profits, mais comme un acteur engagé au sein d'une société.

Même si l'école peut encore aller plus loin, voilà une tendance qui ferait plaisir au professeur Yunus, lui qui expliquait dans son livre *Vers un nouveau capitalisme* qu'« apprendre à imaginer le monde dans lequel nous voulons vivre manque à notre système éducatif. Nous préparons nos étudiants à un métier ou une carrière, mais nous ne leur apprenons pas à penser au genre de monde qu'ils voudraient créer. Chaque grande école ou université devrait proposer un cours centré sur cet exercice ».

Enfin, n'oublions pas que les étudiants sont aussi responsables de ce changement : l'ESCP Europe a, en partie, évolué sous l'impulsion de ceux qui la fréquentaient. Plutôt que de critiquer en bloc les écoles de commerce, Maëva Tordo, diplômée de l'école, a décidé de changer celle-ci de l'intérieur. En créant le NOISE[118] – une association étudiante qui « fait du bruit » au sein de l'école pour promouvoir l'innovation sociale et environnementale – et en développant un incubateur, cette ex-étudiante hyperactive fait bouger cette école de commerce presque bicentenaire. Parti d'« en bas », le changement est en train de se répandre jusque tout en haut de l'institution, dans les discours et les actes de ses dirigeants.

Troisième enseignement :

La vraie question à se poser à la sortie de ses études est « qu'est-ce que j'aime, qu'est-ce que je veux changer dans le monde, et comment puis-je en faire mon métier », et pas uniquement « quelles sont les voies que l'on m'offre à la sortie de mon école » !

118 - Nouvel observatoire de l'innovation sociale et environnementale (NOISE).

Il n'est pas question ici de dire qu'il faut absolument se lancer sans réfléchir. La question de l'efficacité est centrale. Emmanuel Faber développe cette idée dans son livre *Chemins de traverse* : « D'abord, parler d'efficacité. Rien ne serait possible sans elle. Incontournable exigence. Vis-à-vis de moi-même, vis-à-vis des autres. Ne pas l'évoquer serait mentir par omission. Ni l'argent, ni le temps, ni le talent ne nous appartiennent, comment accepter de les dépenser sans compter[119] ? »

Alors, comment faire pour optimiser ses talents, son temps et son argent pour se concentrer sur les projets qui pourront avoir le plus d'impact sur les autres et le plus de sens pour soi ?

Nous vous proposons le test suivant, que nous avons conçu. Il peut être utilisé pour valider son engagement dans un projet et pour faire son choix parmi plusieurs options, plusieurs orientations possibles. Volontairement, ses critères ne sont pas les traditionnels « rémunération », « responsabilités », « perspectives d'évolution » et « temps de travail », même s'il les prend en compte. Vous pouvez le remplir seul, mais aussi avec l'aide d'un regard extérieur. Nous vous proposons de quantifier vos réponses – de 0 à 5, par exemple, pour chaque question –, afin de comparer différents projets. Vous pouvez aussi évidemment vous l'approprier en ajoutant des questions qui vous paraissent essentielles !

119 - Emmanuel Faber, *Chemins de traverse*, éditions Albin Michel, 2011.

Questions à se poser

Nécessité :

1. Dans quelle mesure le problème auquel je m'attaque est-il un problème de société majeur ?

Réponse :

....

....

Raisonner dans l'absolu, et en comparaison par rapport à d'autres problèmes de société.

Impact :

2. Quel est l'impact social attendu à court terme et à long terme de la solution que je propose de développer ?

Réponse :

....

....

Raisonner en termes d'efficacité (impact direct et indirect sur la société), et d'efficience (impact par rapport aux ressources mobilisées, en termes de temps et d'argent, par exemple).

Durabilité et rémunération

3. La solution a-t-elle un modèle économique pérenne qui lui permette d'avoir un impact dans la durée ?

Réponse :

....

....

....

4. Le projet me permettra-t-il d'en vivre et de m'y consacrer sur le long terme ?

Réponse :

....

....

Passion et vision :

5. Suis-je passionné par le problème auquel je m'attaque et la solution que je veux mettre en place ?

Réponse :

....

....

6. Ai-je une vision à défendre qui me tienne vraiment à cœur ?

Réponse :

....

....

Faisabilité :

7. Suis-je capable de réaliser le projet maintenant ? Ai-je les compétences nécessaires aujourd'hui pour réaliser le projet ?

Réponse :

....

....

....

....

Si non :

- Est-il possible de m'associer
avec des personnes ayant ces compétences ?

Réponse :

....

....

- Quelles compétences dois-je développer
pour réaliser ce projet dans cinq ou dix ans,
et comment y parvenir ?

Réponse :

....

....

Optimisation de mon talent :

8. Est-ce que j'utilise pleinement mes compétences, mes talents et mon temps avec ce projet ?

Réponse :

....

....

Développement personnel :

9. En réalisant ce projet, vais-je développer des compétences qui me seront utiles pour de futures initiatives ?

Réponse :

....

....

....

Équilibre de vie :

10. Ce projet me permet-il un bon équilibre de vie, essentiel pour mon bien-être et pour garantir mon engagement sur le long terme ?

Réponse :

....

....

....

....

....

Pour être en mesure de répondre à ces questions (même partiellement), il faut dans un premier temps avoir pris le temps de *cheminer*, pour apprendre à se connaître et ainsi trouver sa voie.

Voici un certain nombre de conseils que nous avons reçus et qui nous ont accompagnés tout au long de notre cheminement :

- **Multipliez les expériences** dans des domaines et des contextes très variés, pour découvrir là où vous vous sentez le plus à l'aise.

- **N'ayez pas peur de l'inconnu :** soyez curieux, explorez de nouveaux territoires qui, à priori, ne vous intéressent pas, prenez le risque de sortir de votre zone de confort.

- **N'ayez pas peur de tenter** des expériences professionnelles hors des sentiers battus.

- **Participez à des événements** associant des profils très divers – innovateurs sociaux, entrepreneurs, dirigeants de grandes entreprises, dirigeants associatifs – pour échanger avec des personnes aux parcours différents, développer votre réseau et vous créer de nouvelles opportunités.

- **Voyagez,** pour percevoir certains problèmes sous différents angles, découvrir des innovations.

- **Osez !** Lancez des initiatives et des projets, même tout petits, dès que vous en avez l'occasion, puis recommencez avec des projets un peu plus ambitieux : l'entrepreneuriat est un état d'esprit qui s'apprend et se développe.

- **N'attendez pas de tout connaître,** de tout comprendre sur un problème et d'avoir l'idée parfaite pour y répondre avant de commencer à agir. Il n'est plus possible aujourd'hui d'agir ainsi, le monde est trop complexe ! Sortez de l'état d'esprit « il faut tout connaître avant de faire », que l'on vous a enseigné pendant vos études, et confrontez vos idées à la réalité : testez, prototypez, améliorez !

Et en cas de doute, suivez votre instinct ! Quoi de mieux que ce discours de Steve Jobs à Stanford en 2005 pour nous en convaincre ?

> «Votre temps est limité. Ne le gâchez pas en menant une existence qui n'est pas la vôtre. Ne soyez pas prisonnier des dogmes qui vous obligent à vivre en obéissant à la pensée d'autrui. Ne laissez pas le brouhaha extérieur

étouffer votre voix intérieure. Et, plus important, ayez le courage de suivre votre cœur et votre intuition. L'un et l'autre savent ce que vous voulez réellement devenir. Tout le reste est secondaire. Soyez insatiables, soyez fous. Ce sont les vœux que j'ai toujours formés pour moi. Et maintenant, au moment où vous recevez votre diplôme qui marque le début d'une nouvelle vie, c'est tout ce que je vous souhaite[120]. »

Si vous avez un projet, voici quelques ressources pour vous aider à le concrétiser :

Quelques ressources utiles pour lancer son projet d'entrepreneuriat social

• Pour s'informer et avoir les idées claires sur les différentes étapes de création d'entreprise : l'incontournable site Entrepreneur-social.net, animé par l'AVISE, et le *Guide de l'entrepreneur social*[121];

• Pour se poser les bonnes questions : le carnet pratique *7 questions clefs pour avoir les idées plus claires lorsque vous développez un projet d'intérêt général*, proposé par Ashoka et disponible sur France.aschoka.org ;

120 - Steve Jobs, *Stanford Commencement Speech*, 2005.
121 - Philippe Chibani-Jacquot, Thibault Lescuyer, Éric Larpin, *Guide de l'entrepreneur social*, éditions Rue de l'échiquier, 2013.

· Pour débuter son *business plan* social : le *Guide méthodologique sur le business plan social* réalisé par l'ESSEC et disponible sur Antropia.essec.fr ;

· Pour aller plus loin concernant toutes les étapes de la création d'une entreprise : *L'Entreprise sociale (aussi) a besoin d'un business plan*[122] ;

· Pour travailler sur son modèle économique, rendez-vous sur le site www.businessmodelgeneration.com ;

· Pour développer une solution qui réponde à de vrais besoins sociaux : le guide de l'innovation pour les entreprises sociales, disponible sur www.ideo.com/work/human-centered-design-toolkit ;

· Pour retrouver un certain nombre de méthodes utiles à un projet d'entrepreneuriat social : la boîte à outils d'Antropia, disponible sur http://antropia.essec.fr/boite-a-outils/.

122 - Marie Trellu-Kane, Thierry Sibieude, *L'Entreprise sociale (aussi) a besoin d'un business plan*, éditions Rue de l'échiquier, 2011.

CONCLUSION

On dit notre génération individualiste, fainéante et zappeuse. Nous l'avons découverte engagée, altruiste et les pieds sur terre. Partout où nous sommes allés, en Europe, en Asie et en Afrique, nous avons rencontré des jeunes entrepreneurs passionnés, prêts à essayer de « faire autrement », en agissant à leur échelle. Nous pensons que l'Europe, et la France en particulier, ont bien besoin aujourd'hui de la créativité, du dynamisme et des rêves de sa nouvelle génération !

Dans la préface de *80 hommes pour changer le monde*[123], Maximilien Rouer, fondateur et président de BeCitizen, résume parfaitement les caractéristiques de ces jeunes engagés : « Toujours plus nombreux, ces jeunes ne se reconnaissent pas dans les modèles du passé, qu'ils considèrent inadaptés à leur réalité. À l'inverse de la génération 68, qui reste la référence en matière d'alternative idéologique, cette génération est apparemment intégrée, plutôt diplômée et de milieux sociaux favorisés. Ses membres adoptent des codes vestimentaires et linguistiques identiques à ceux de leurs voisins plus "classiques". Mais leur comportement n'est *normal* qu'en apparence. Ils rechignent à suivre le parcours de leurs parents, leurs carrières dans une grande entreprise, avec confort et grosse voiture. Et pourtant, ils travaillent dur. Ils ont rarement la carte d'un parti politique, et pourtant sont engagés jusqu'au cou dans l'émergence d'une nouvelle vision du monde. Ils dénoncent l'approche soixante-huitarde pour son inefficacité, et ne peuvent concevoir leur engagement autrement que comme contributif à la société, de façon concrète, efficace et mesurable [...]. Ils privilégient le sens de l'action au statut de

123 - Sylvain Darnil, Mathieu Le Roux, *op.cit.*

la fonction. Ils veulent désormais réussir leur vie plutôt que "dans la vie" [...]. La révolution internet accentue cette prise de conscience générationnelle. Polyglotte et connectée, cette génération se sent plus que jamais reliée à la planète entière. La baisse récente des coûts de transport lui a permis, à 25 ans, de voyager – et donc d'observer – davantage que la génération précédente en toute une vie. Confrontant ses préoccupations à celles de l'autre, elle est plus que jamais consciente des enjeux sociaux et environnementaux auxquels elle devra, rapidement, trouver des réponses. De plus en plus de jeunes se savent coresponsables de leur avenir commun et cherchent à agir. En outre, ils ont conscience que l'État ne permet plus à lui seul de répondre à ces nouveaux enjeux. »

Il n'y a pas de parcours tout tracé pour se lancer. L'important est de trouver sa voie, qui permette de se sentir utile, de se développer soi-même et de prendre du plaisir !

L'âge n'est pas un critère de réussite ou d'échec. Certes, il ne faut pas se précipiter, et chacun ressentira le bon moment pour s'engager... mais invoquer l'âge est rarement une bonne excuse pour ne pas s'engager ! Et puis, dites-vous qu'il y aura toujours plus vieux et plus expérimenté que vous... mais aussi plus jeune ! Le programme Jevolution lancé par Ashoka, Enactus et Unis-Cité en France accompagne de très jeunes porteurs de projets solidaires, pour faire germer des nouvelles graines d'acteurs de changement. L'édition 2013 a récompensé Donogan, 12 ans, qui organise un spectacle de hip-hop pour personnes handicapées !

Dès aujourd'hui, il est possible d'agir. Et si notre travail ne nous permet pas de satisfaire pleinement nos envies d'engagement, il existe d'autres voies pour devenir acteur de changement.

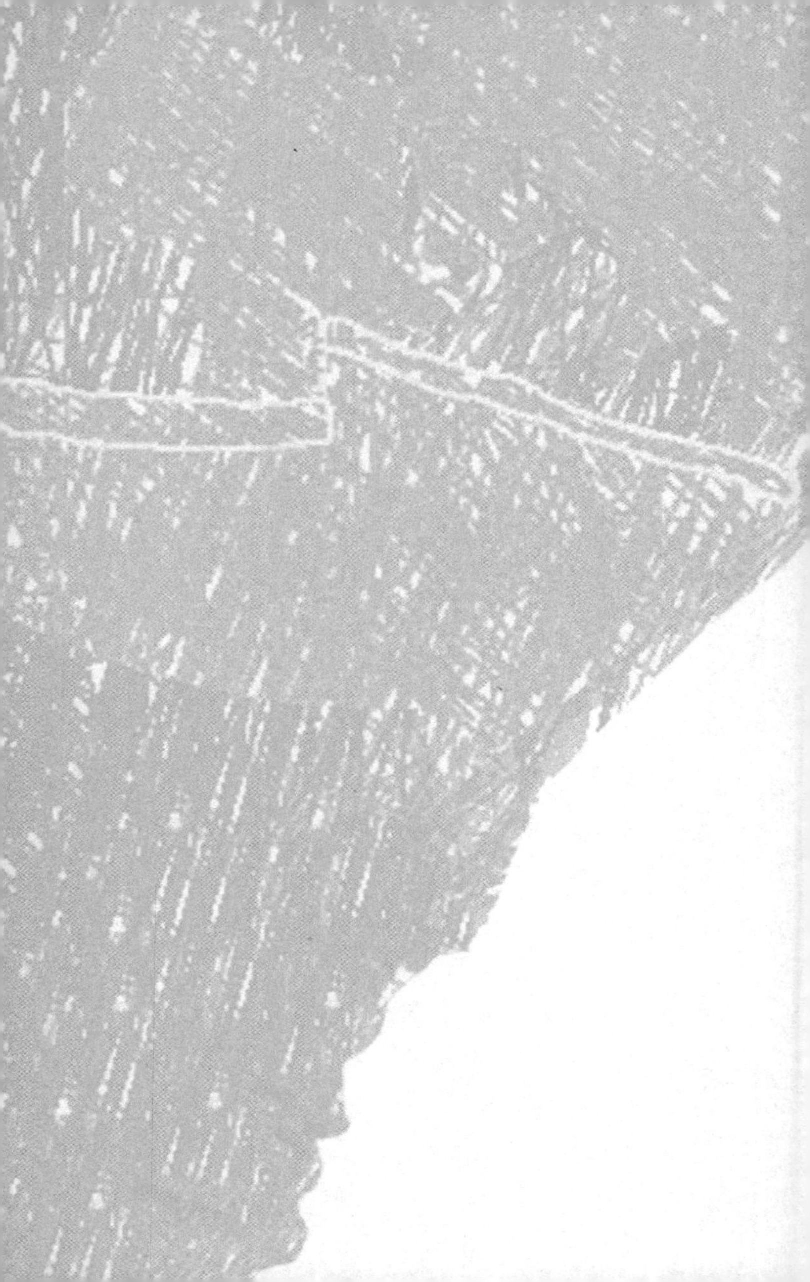

CHAPITRE 6

ET À CÔTÉ DE SON TRAVAIL, COMMENT DEVENIR AUSSI ACTEUR DE CHANGEMENT ?

« Ce n'est pas seulement le monde qu'il s'agit de changer ; mais l'homme. Non du dehors. Camarade, sache le découvrir en toi-même, et, comme du minerai l'on extrait un pur métal sans scories, exige-le de toi, cet homme attendu. Obtiens-le de toi. Ose devenir qui tu es. Ne te tiens pas quitte à bon compte. Il y a d'admirables possibilités dans chaque être. Persuade-toi de ta force et de ta jeunesse. Sache te redire sans cesse : "Il ne tient qu'à moi." »

André Gide

Les entrepreneurs sociaux ne souhaitent pas une révolution. Ils rêvent d'une « insurrection des consciences[124] », d'une mobilisation citoyenne où chacun, par ses choix et ses

124 - Pierre Rabhi, *La Part du colibri, L'espère humaine face à son devenir*, Éditions de l'Aube, 2011.

actions quotidiennes, agit pour transformer la société. Ils nous aident à nous changer personnellement, car, sans nous, leurs actions isolées auront peu d'impact et ne parviendront pas à créer un monde plus prospère, équitable et durable. Nous avons ainsi tous un rôle à jouer au quotidien, au-delà de notre travail.

Comment ? Tout au long de notre aventure, nous nous sommes posé cette question et avons cherché à comprendre pourquoi et comment agir au quotidien.

Olivier Maurel, intrapreneur chez Danone, adepte des métaphores, nous a un jour livré l'image suivante : « Devant moi, des espaces verts qui permettent d'être à la fois cultivateur et jardinier. D'un côté, j'ai une activité salariée où je fais mon blé, avec des méthodes que je qualifierais de "raisonnées" – le développement durable chez Danone. De l'autre, je fais pousser des fleurs de manière créative : je suis bénévole dans des mouvements citoyens – monnaies complémentaires, mouvement Colibris, qui fédère ceux qui veulent construire une nouvelle société, TEDx, qui diffuse des idées innovantes... Dans cette deuxième partie, je fais les choses davantage par goût, j'ose des associations imaginatives, j'accepte que tout ne marche pas : ce n'est pas grave, je ne cherche pas la rentabilité. Je m'efforce aussi de laisser certaines parcelles de mon agenda en jachère : accepter de ne rien faire pour que mon sol se nourrisse simplement du temps qui passe. »

CHANGER DE L'INTÉRIEUR POUR CHANGER L'EXTÉRIEUR

« Soyez le changement que vous voulez voir dans le monde. »

Gandhi

Par cette phrase célèbre, Gandhi voulait nous faire comprendre que pour changer le monde, il faut d'abord se changer soi-même. La réponse ne doit pas venir des autres, mais du plus profond de chacun d'entre nous. Comme le dit Jéronimo Calderon, le fondateur de l'entreprise sociale suisse Euforia, qui cherche à transformer les jeunes cyniques en acteurs de changement : « Pour commencer à changer les choses, il faut arrêter de pointer le doigt vers les autres et le pointer vers nous-mêmes. Chacun peut se demander : quelle peut être ma contribution ? Chacun peut faire quelque chose ! »

C'est ce qui est à l'origine de l'engagement de Tristan Lecomte, le fondateur de l'entreprise de commerce équitable *leader* en France, Alter Eco. Pour changer les choses, explique-t-il, il faut d'abord comprendre que « la réponse n'est pas à l'extérieur, dans le politique ou le marché, les grosses multinationales ou les petites ONG[125] ». La réponse se trouve avant tout dans nos propres consciences. Dès lors que nous réalisons ce changement intérieur, nous pouvons incarner le monde que nous souhaitons, inspirer ceux qui nous entourent, et envisager une meilleure société.

125 - Tristan Lecomte,« Soyons le changement que nous voulons voir dans le Monde », Lexpress.fr, 9 mars 2010.

Cette prise de conscience nous incite à changer nos manières de penser et d'agir. Chacun doit accepter sa part de responsabilité, et il n'est jamais trop tard pour agir. Voilà le principal message que le philosophe et paysan Pierre Rabhi nous transmet dans son livre *La Part du colibri*[126], en citant la légende amérindienne du colibri :

« Un jour, dit la légende, il y eut un immense incendie de forêt. Tous les animaux terrifiés et atterrés observaient, impuissants, le désastre. Seul le petit colibri s'active, allant chercher quelques gouttes d'eau dans son bec pour les jeter sur le feu. Au bout d'un moment, le tatou, agacé par ses agissements dérisoires, lui dit : "Colibri ! Tu n'es pas fou ? Tu crois que c'est avec ces gouttes d'eau que tu vas éteindre le feu ? – Je le sais, répond le colibri, mais je fais ma part." »

Pierre Rabhi ajoute : « Chacun doit effectuer sa "part du colibri". Car si l'être humain ne change pas par la générosité, la compassion, une éthique et une équité actives, la société ne pourra changer positivement et durablement. Ma première action concerne mon moi individuel, mon devenir, ma transformation. [...] Cet engagement de vie en conscience, par sa puissance, est seul capable de changer le monde[127]. » À l'échelle individuelle, nous pouvons tous choisir de privilégier dans nos relations humaines la coopération à la compétition, la solidarité à l'égoïsme. Sans revenir à l'âge des cavernes, nous pouvons également privilégier des modes de vie plus respectueux de l'environnement, privilégier « l'être sur l'avoir », et choisir de se diriger « vers la sobriété heureuse[128] ».

126 - Pierre Rabhi, *op.cit.*

127 - Préface de Pierre Rabhi dans Christophe Chenebault, *Impliquez-vous ! 101 actions solidaires et écolos pour un monde meilleur*, Eyrolles, 2011.

128 - Pierre Rabhi, *Vers la sobriété heureuse*, Actes Sud, 2010.

Pourtant, face à l'immensité des enjeux, il pourrait être facile de se décourager : avec 7 milliards d'habitants sur Terre, comment ma modeste contribution peut-elle changer les choses ? Ce doute est légitime : quel impact aura une action isolée ? Comment faire pour agir en faveur d'une cause qui nous dépasse et avoir un impact réel ? Comment faire pour manger un éléphant ? « Eh bien... une bouchée à la fois », nous répond Monseigneur Desmond Tutu, évêque sud-africain et prix Nobel de la paix. Mieux vaut éviter de vouloir s'attaquer à tous les problèmes en même temps, au risque de se décourager et d'abandonner. Il faut agir à son échelle, en se demandant ce que l'on peut changer dans son comportement personnel de manière durable. Il n'est pas nécessaire d'être surhumain ou de sacrifier sa vie pour agir, nous rassure Desmond Tutu : « Faites le bien, par petits bouts, là où vous êtes : car ce sont tous ces petits bouts de bien, une fois assemblés, qui transforment le monde. »

Un engagement quotidien peut suffire pour transformer un coin du monde sur le long terme. Dans *L'Homme qui plantait des arbres,* Giono illustre comment un homme ordinaire peut parvenir à quelque chose d'extraordinaire et montre que de petits gestes simples répétés chaque jour ont le pouvoir de changer le monde. Le héros de sa nouvelle, Elzéard Bouffier, est un berger solitaire : il ne dispose d'aucun moyen technique mais décide de planter chaque jour une centaine d'arbres dans sa région – la Haute-Provence – qui « mourait par manque d'arbres. » Grâce à son courage, ce héros parvient à redonner vie à une terre autrefois laissée à l'abandon en raison de la sécheresse.

Plutôt qu'une révolution, c'est l'addition des initiatives individuelles qui changera progressivement nos sociétés. C'est l'analyse que fait Maria Nowak, la fondatrice de l'ADIE, remarquant qu'au regard de l'histoire économique, le changement « ne peut être réalisé par les instances politiques ou économiques, dépassées par la mondialisation, mais par les citoyens eux-mêmes. Chaque être humain a une place dans la société et un rôle à jouer dans l'histoire de l'humanité. Quand bien même l'action de chacun d'entre nous semble dérisoire, elle apporte une contribution à la vie de la collectivité et aux grandes mutations de l'histoire, qui se préparent, à petits pas, pendant des dizaines ou des centaines d'années, pour basculer de façon imprévisible[129] ».

Et cette transformation est en marche ! En 2000, les sociologue et psychologue américains Paul Ray et Sherry Anderson ont inventé le terme de « créatifs culturels[130] » pour définir le groupe socioculturel à la pointe du changement social de notre époque : ce sont les millions de citoyens qui transforment le monde jour après jour, en revisitant tous les aspects de la vie au quotidien. « Nous décidons de les appeler les créatifs culturels car, d'innovation en innovation, ils sont en train de créer une nouvelle culture pour le XIXe siècle », expliquent-ils.

Les créatifs culturels ont une pensée globale et agissent localement autour de plusieurs axes, tels que le respect de l'environnement, la simplicité volontaire, le développement personnel, l'engagement solidaire, et la valorisation du multiculturalisme.

129 - Maria Nowak, *op.cit.*

130 - Paul Ray, Sherry Anderson, *The Cultural Creatives: How 50 Million People Are Changing the World*, Harmony Books, 2000.

Dans les années 1960, ils représentaient environ 4 % de la population nord-américaine ; aujourd'hui, ils en constituent près d'un tiers[131]. En France, ils représentaient, en 2007, environ 17 % de la population[132]. Selon les auteurs, ils sont présents dans l'ensemble des catégories socioprofessionnelles et des générations, et ne s'apparentent à aucun parti politique en particulier. Enfin les auteurs précisent que ce groupe n'a pas conscience de sa propre existence : les créatifs culturels se sentent relativement isolés et sous-estiment leur poids dans la société. Pourtant, ils pourraient bien être en train de bâtir la société de demain.

Les initiatives individuelles quotidiennes peuvent inciter d'autres à agir, et, collectivement, elles exercent une influence considérable sur le monde qui nous entoure. Toutes les parties prenantes de la société ont un rôle à jouer : les entrepreneurs et les managers évidemment, mais aussi les consommateurs, les épargnants, les bénévoles, et les citoyens en général. Dans la suite de ce chapitre, nous donnons quelques pistes pour agir dans son quotidien. Nous ne prétendons pas être exhaustifs, mais à travers quelques exemples, nous souhaitons montrer que, à côté du travail, nous pouvons tous agir.

131 - Christophe Chenebault, « Les créatifs culturels vont-ils faire basculer l'élection de 2012 ? », Lexpress.fr, 23 novembre 2011.

132 - Association pour le biodiversité culturelle, *Les Créatifs culturels en France*, éditions Yves Michel, 2011.

COMMENT AGIR AU QUOTIDIEN – QUELQUES EXEMPLES

Mieux utiliser son argent : agir en tant que consommateur et épargnant

La façon la plus facile de s'engager au quotidien est certainement en tant que consommateur. Par la consommation, nous avons la liberté d'encourager ou de sanctionner des entreprises en fonction de leurs engagements sociaux et environnementaux. Tous les jours, par nos choix de consommation, nous votons pour un modèle économique. Pour qualifier les consommateurs qui prennent en compte la qualité sociale et environnementale des produits qu'ils achètent, on parle de consommateurs éthiques, responsables, citoyens, ou encore de « consomm'acteurs ».

Utiliser la consommation pour changer la société n'est pas quelque chose de nouveau. La consommation éthique existait déjà au XIXe siècle aux États-Unis, lorsque des commerçants engagés contre l'esclavage proposaient à leurs clients des biens dont la production ne recourait pas à l'esclavage.

En 1899, une association de consommateurs, la National Consumers League (NCL), est créée aux États-Unis pour s'opposer par la consommation aux conditions de travail déplorables des ouvriers. Le principe mis en avant est le suivant : « Les conditions de travail que nous souhaitons pour nos compatriotes doivent être reflétées par nos achats[133]. » La première secrétaire générale de l'organisation, Florence Kelley, résumait ainsi la vision de la NCL : « Vivre signifie

133 - Site internet de la National Consumers League (www.nclnet.org)

acheter, acheter signifie avoir du pouvoir, avoir du pouvoir signifie avoir une responsabilité. » Pour aider les consommateurs à exercer cette responsabilité en achetant des produits fabriqués dans des conditions respectables, la NCL a créé l'un des premiers labels au monde.

Dans l'histoire, la consommation et le boycott ont à plusieurs reprises joué des rôles importants dans la défense de grandes causes. Un exemple connu est l'appel de Gandhi au boycott des produits anglais, notamment le textile, dans le cadre de la désobéissance civile contre la colonisation anglaise. La consommation éthique ne se développe réellement qu'à partir des années 1960 avec la naissance des premiers mouvements écologiques : apparaissent alors les premiers magasins spécialisés dans le commerce équitable et l'agriculture biologique[134]. Aujourd'hui, les parts de marché de l'agriculture biologique et du commerce équitable restent encore marginales, mais sont en progression constante : un Français sur quatre consomme un ou plusieurs produits biologiques régulièrement, tandis qu'un foyer sur trois consomme des produits issus du commerce équitable[135].

Le développement plus récent des circuits courts permet également de consommer plus intelligemment en limitant l'impact environnemental de nos achats tout en soutenant l'agriculture locale. Le succès des associations pour le maintien d'une agriculture paysanne (AMAP) est significatif : en France, plus de 1 000 AMAP permettent à environ 200 000 personnes de s'approvisionner en produits frais directement

134 - Pascal Canfin, *Vivre autrement, l'économie sociale et solidaire en Île-de-France*, Alternatives économiques, 2008.
135 - Christophe Chenebault, *op.cit.*

auprès des producteurs[136]. Enfin, on constate ces dernières années une multiplication des initiatives en faveur de la consommation collaborative (partage, location, échange, troc, etc.), une solution plus économe et plus respectueuse de l'environnement. L'exemple du covoiturage illustre le succès de cette logique : alors que les trois quarts des trajets en voiture ne sont réalisés que par le seul conducteur, le covoiturage est devenu une solution économique et écologique pour près de 3 millions de Français chaque année[137].

Nous avons donc de plus en plus de choix pour consommer de manière éthique. Bien entendu, cela n'est pas toujours facile : tous les produits ou services ne sont pas forcément disponibles près de chez soi, et les prix sont dans l'ensemble un peu plus élevés. Mais en prenant le temps de chercher les bonnes astuces, il est possible de devenir un consommateur engagé sans se ruiner, sans bouleverser son confort de vie, et sans devenir militant à temps plein. Le rôle des « consomm'acteurs » est clé : sans eux, pas de débouchés pour les entreprises qui agissent en faveur de la société et de l'environnement.

136 - *Ibid.*
137 - *Ibid.*

Deux exemples d'entreprises sociales que nous avons rencontrées et qui permettent de consommer autrement.

La Ruche qui dit Oui ! (www.laruchequiditoui.fr)

· Problème : la consommation de produits alimentaires distribués en circuits longs pèse sur l'environnement et rend difficile la traçabilité des produits. Elle génère également une dépendance commerciale des petits producteurs vis-à-vis des intermédiaires et des grands distributeurs.

· Solution : « La Ruche qui dit Oui ! est un site internet qui donne des ailes aux circuits courts. Outil de vente en ligne, il favorise les échanges directs entre producteurs locaux et communautés de consommateurs qui se retrouvent régulièrement lors de véritables marchés éphémères[138] », les ruches.

· Impact : au 1er septembre 2013, 300 ruches étaient actives, pour un total de 26 000 clients, 1 800 producteurs, et 1 400 000 produits vendus. 150 nouvelles ruches étaient en construction.

Alter Eco (www.altereco.com)

· Problème : de nombreux petits producteurs dans les pays en voie de développement peinent à concurrencer les gros producteurs et sont contraints d'accepter des

138 - La Ruche qui dit Oui !

prix de vente faibles, leur permettant à peine de subsister et de pérenniser leur activité.

· Solution : Alter Eco est une marque de commerce équitable qui propose plus de 100 produits alimentaires, essentiellement commercialisés à travers les réseaux de la grande distribution. La marque applique au minimum les critères du label Max Havelaar mais 97 % des produits sont également labellisés Agriculture biologique, et l'empreinte carbone de l'ensemble des produits est compensée par un programme de reforestation[139].

· Impact : créée en 1998, Alter Eco soutenait, en 2012, 40 coopératives d'agriculteurs dans 25 pays, soit plus de 150 000 producteurs bénéficiaires.

En 2010, 730 000 euros de valeur ajoutée par rapport au marché conventionnel ont été versés à ces coopératives.

Pour en savoir plus sur la consommation éthique :

·Sites d'information : Mes courses pour la planète (www.mescoursespourlaplanete.com) ; Le marché citoyen (www.lemarchecitoyen.net) ; Ma conso ma planète (pour les ados) (www.maconsomaplanete.com).

·Sites commerciaux : Marcel Green (www.marcelgreen.com) ; Tout allant vert (www.toutallantvert.com).

139 - Alter Eco, dossier de presse 2012.

Tout comme l'argent que nous dépensons pour consommer, celui que nous épargnons peut changer la donne, notamment grâce à l'épargne solidaire. Selon Finansol, le collectif qui fédère les acteurs de la finance solidaire, « la finance solidaire relie les épargnants qui cherchent à donner du sens à leur argent à des entreprises et associations dont l'activité est à forte utilité sociale et environnementale, qu'ils financeront via la souscription de produits d'épargne solidaire[140] . »

Avec une croissance supérieure à 10 % par an, ce secteur poursuit son développement et a dépassé, en 2012, le milliard d'euros de financements[141]. Il existe aujourd'hui de plus en plus de produits financiers permettant de gérer son épargne de manière plus responsable, qu'il s'agisse de gros montants ou simplement de quelques euros.

Face à l'opacité des placements traditionnels (« où va l'argent ? »), il existe également des alternatives plus transparentes et plus éthiques. C'est le cas par exemple de la finance *peer to peer* qui permet, via une plateforme internet, de mettre directement en relation des épargnants et des emprunteurs. Ainsi, il est désormais possible de prêter quelques euros à un micro-entrepreneur à l'autre bout du monde, comme nous l'avons vu avec Babyloan, ou de prêter de l'argent à un voisin pour qu'il lance son projet... Certes, le retour financier est généralement faible voire nul, mais au moins, vous savez où va votre argent !

140 - Finansol.org.

141 - « La finance solidaire en chiffres », Le Monde.fr, 1er octobre 2013.

Un exemple d'entreprise sociale que nous avons rencontrée et qui permet d'utiliser son argent autrement.

SPEAR (www.spear.fr)

· Problème : le système bancaire classique manque de transparence tandis que des projets rentables à forte plus-value sociale, environnementale ou culturelle ont besoin de financement pour se créer ou se développer(source : SPEAR).

· Solution : SPEAR est une coopérative qui permet à des épargnants de choisir, via une plateforme internet, de financer des projets sélectionnés pour leur impact social, environnemental ou culturel, et leur viabilité financière. Les banques partenaires de SPEAR portent le risque de défaut. SPEAR informe l'épargnant des réalisations des porteurs de projet et donne l'occasion de les rencontrer.

· Impact : créée en 2012 par des étudiants à HEC et à l'université Paris-Dauphine, cette entreprise sociale avait déjà permis en juillet 2013 à dix projets d'être financés, pour des montants compris entre 20 000 et 500 000 euros[142].

142 - Alexandra Oubrier, « Finance participative, vers un cadre légal adapté », L'Agefi hebdo, 4 juillet 2013.

Pour en savoir plus sur la finance solidaire :

Sites : le site de l'association Finansol (www.finansol.org) ; le site d'une passionnée, Épargne en conscience (www.epargne-en-conscience.fr).

Donner de son temps : agir en tant que bénévole

Une autre façon de s'engager est de donner de son temps et de ses compétences, par exemple en devenant bénévole au sein d'une association. En France, il existe 1,3 million d'associations qui mènent des projets sociaux, environnementaux, culturels ou sportifs. Seulement 165 000 d'entre elles ont un ou plusieurs salariés[143] : leur principale ressource est donc le temps offert par les bénévoles.

Selon une étude menée par l'association France bénévolat avec l'IFOP en 2013, 20,3 millions de personnes de plus de 15 ans donnaient « du temps gratuitement pour les autres ou pour contribuer à une cause[144] », soit 40 % des Français contre 36 % en 2010. Contrairement à une idée assez répandue, « les seniors n'ont pas le monopole de l'engagement associatif », nous révèle l'étude : plus de 25 % des bénévoles dans les associations sont des jeunes âgés de 15 à 35 ans et « ce sont les jeunes qui tirent la progression globale avec + 32 % » entre 2010 et 2013. Selon l'association, l'étude confirme « le fait que les jeunes sont généreux et solidaires, sous réserve que les associations

143 - France bénévolat, « La situation du bénévolat en France en 2013 », Francebenevolat.org.
144 - *Ibid.*

sachent leur ouvrir leur porte et les convaincre qu'un bénévolat structuré par des projets associatifs de qualité est plus efficace que la seule générosité spontanée[145] ». Une autre étude réalisée par France bénévolat ajoute que « les étudiants ne sont pas les bénévoles "zappeurs" que l'on prétend trop souvent. Une large majorité préfère avoir une activité bénévole continue[146] ». Les jeunes ont souvent du temps (et de l'énergie !) à offrir et font confiance aux associations. Ils les considèrent comme des moyens efficaces pour mettre leurs idéaux en action.

S'engager en tant que bénévole est avant tout une expérience altruiste : 71 % des bénévoles nomment « le souhait d'être utile à la société » comme un de leurs ressorts d'engagement[147]. Mais c'est également une expérience relationnelle qui contribue à l'épanouissement personnel et qui permet d'acquérir des compétences précieuses, essentiellement pour les jeunes. Enfin, s'engager en tant que bénévole peut être un moyen de faire un premier pas vers un engagement plus important, comme par exemple le développement d'un projet d'entrepreneuriat social.

Pour en savoir plus sur le bénévolat en France :

Sites : France bénévolat (www.francebenevolat.org) ; Espace bénévolat (www.espacebenevolat.org) ; Jeune & bénévole (www.jeuneetbenevole.org).

145 - *Ibid.*
146 - France bénévolat, *Recherches et solidarités, La France bénévole*, 10e édition, mai 2013.
147 - *Ibid.*

Pour ceux qui n'auraient pas le temps de s'investir dans la durée avec une association, il est aussi possible de donner de son temps de manière plus ponctuelle, par exemple lors de mobilisations citoyennes qui permettent de rassembler en un temps limité de nombreuses personnes. En s'appuyant massivement sur les réseaux sociaux, de nouveaux types de mobilisation 2.0 émergent et s'adressent particulièrement aux jeunes. Ces rassemblements préfèrent en général un ton décalé, voire festif, à un ton culpabilisateur.

Trois exemples de mobilisations citoyennes auxquelles nous avons pu participer.

Disco Soupe

· Problème : un Français produit en moyenne 20 kilos de déchets alimentaires chaque année, dont 7 encore emballés ; à l'échelle du monde, entre 30 et 50 % de la production alimentaire est gaspillée, perdue, ou jetée tout au long de la chaîne alimentaire, de la fourche à la fourchette[148].

· Solution : Disco Soupe a pour mission de sensibiliser au scandale du gaspillage alimentaire par la préparation collective puis la distribution gratuite de repas réalisés à base de fruits et légumes sauvés de la poubelle, dans une ambiance musicale et festive.

148 - Ministère de l'Écologie, du Développement durable et de l'Énergie.

· Impact : initié à Paris en mars 2012 sous l'impulsion des Schnippel Disko berlinoises, des méthodes innovantes de MakeSense, et des valeurs du « bon, propre et juste » du mouvement Slowfood, Disco Soupe fait déjà swinguer les marmites du monde entier ! En un an : plus de 100 événements réunissant de 50 à 5 000 personnes ont été réalisés dans 60 villes en France et à l'étranger, soit 35 000 repas cuisinés collectivement et servis gratuitement… c'est-à-dire près de 15 tonnes de légumes récupérés. Chacun peut organiser une Disco Soupe dans sa ville, à condition de respecter quelques règles et d'adhérer aux valeurs et à la mission du mouvement !

Carrotmob

· Problème : pour encourager les commerces à adopter des pratiques plus respectueuses de l'environnement, la technique du boycott est souvent mal adaptée, notamment à cause de ses conséquences sociales, et difficile à mettre en place. Alors comment encourager les commerçants à changer leurs pratiques ?

· Solution : né à San Francisco en 2008, le Carrotmob est un rassemblement de citoyens, initié par exemple via internet, qui viennent faire leurs courses un jour J dans un même magasin, en échange de quoi le commerçant s'engage à reverser une partie de ses bénéfices supplémentaires au profit d'une action écologique.

· Impact : plus de 300 campagnes dans près de 25 pays ont été organisées depuis 2008, permettant de récolter plus d'un million de dollars. Chacun peut également organiser un Carrotmob dans sa région, en suivant les règles de l'organisation (www.carrotcommunity.org).

World Clean Up

·Problème : les décharges sauvages polluent l'environnement et dénaturent les paysages. Même s'il n'existe aucun chiffre officiel, il y aurait en France près de 10 000 décharges de ce type[149]. À l'échelle du monde, environ 100 millions de tonnes de déchets sauvages sont répartis dans la nature.

·Solution : World Clean Up est une opération participative qui mobilise des volontaires pour nettoyer les décharges sauvages lors de campagnes de ramassage organisées sur une journée ou un week-end.

·Impact : après le succès d'un projet pionnier né en Estonie en 2008 qui avait rassemblé 4 % de la population estonienne, l'initiative s'est mondialisée. Chaque année, le World Clean Up rassemble plusieurs millions de personnes : de mars à octobre 2013, environ 8 millions de personnes se sont engagées à participer, dans plus de 100 pays. C'est la plus grande campagne écologique au monde, mais l'objectif n'est pas encore atteint puisque pour nettoyer la planète en une journée, on estime qu'il faudrait la participation d'environ 300 millions de personnes, soit 5 % de la population mondiale. La première édition a eu lieu en France en 2012 et une

149 - World Clean Up 2013 : « Nettoyons la planète en un jour ! », courantpositif.fr, 6 septembre 2013.

deuxième édition s'est tenue le 15 septembre 2013, à laquelle plus de 10 000 volontaires ont participé (voir www.letsdoitfrance.org). Des débuts encore plutôt modestes pour la France...

Partager les solutions : agir en tant que média

En échangeant avec nos amis, nos collègues et nos réseaux, nous jouons tous le rôle de média. Nous pouvons donc tous faire le choix de devenir des médias positifs en diffusant autour de nous des informations positives, des initiatives d'entrepreneurs sociaux, ou encore des informations sur des mobilisations citoyennes à venir.

Les réseaux sociaux aident à faire partager ces informations et constituent un outil très efficace. Contrairement à ce que l'on peut penser, les jeunes ne les utilisent pas simplement pour étaler leur vie privée mais s'en servent également comme d'un véritable outil de sensibilisation et de mobilisation : France bénévolat révèle que 63 % des jeunes bénévoles les utilisent pour soutenir une cause[150]. Internet regorge d'ailleurs de sites et de réseaux thématiques spécialisés dans l'écologie, la solidarité ou l'entrepreneuriat social.

Pour ceux qui sont moins à l'aise avec les réseaux sociaux, rassurez-vous, vous pouvez également jouer le rôle de média positif : nul besoin de devenir geek, il vous suffit de partager des initiatives positives avec quelques personnes autour de vous. Le « bouche à oreille » a encore un avenir !

150 - France bénévolat, *Recherches et solidarités, La France bénévole*, *op.cit.*

Voici quelques exemples de médias positifs qui nous ont inspirés.

Sur internet :

· Sparknews (www.sparknews.com) : ce site *open source* valorise plus de 1 200 reportages, répartis en une vingtaine de thématiques, qui mettent en avant des solutions qui changent le monde.

· Courant positif (www.courantpositif.fr) : ce média d'information constructive propose des articles pour relayer des initiatives positives du monde entier.

Magazines :

· Socialter (www.socialter.fr) : cofondé par trois jeunes nouvellement diplômés, ce « magazine de l'économie nouvelle génération » abordant les thématiques des « innovations sociales, des technologies et des entrepreneurs du changement », comme l'indique la couverture du premier numéro, est publié tous les deux mois depuis octobre 2013.

· We Demain (www.wedemain.fr) : ce « mag-book » trimestriel présente toutes « les initiatives technologiques, énergétiques, médicales, alimentaires, et artistiques qui changent le monde ».

· Up (www.upmag.fr) : ce trimestriel du groupe SOS permet à chaque lecteur de découvrir « les initiatives et les idées concrètes inaugurant un cadre de vie à la fois plus social, plus durable et plus responsable ».

CONCLUSION

« Une personne peut faire la différence et toutes les personnes devraient essayer. »

John Fitzgerald Kennedy

À côté de notre travail, nous avons tous la possibilité de devenir acteurs de changement. Il existe de nombreuses façons de s'engager. Les quelques exemples que nous avons présentés dans ce chapitre ne résument à l'évidence pas toutes les possibilités d'engagement. Pour tous ceux qui souhaitent savoir plus en détail comment agir au quotidien, nous vous recommandons le livre de Christophe Chenebault : *Impliquez-vous ! 101 actions solidaires et écolos pour un monde meilleur*.

Contrairement à une idée que nous avons souvent entendue, il nous apparaît que l'engagement des jeunes ne faiblit pas, au contraire : ceux que nous avons rencontrés, idéalistes et pragmatiques, recherchent de nouvelles formes d'engagement, moins politisées et correspondant davantage à leurs passions. Ils ressentent le besoin de constater le résultat de leurs actions, aussi petites soient-elles, et sont en quête de projets concrets.

Nous sommes tous des colibris ; il ne tient plus qu'à nous de faire notre part.

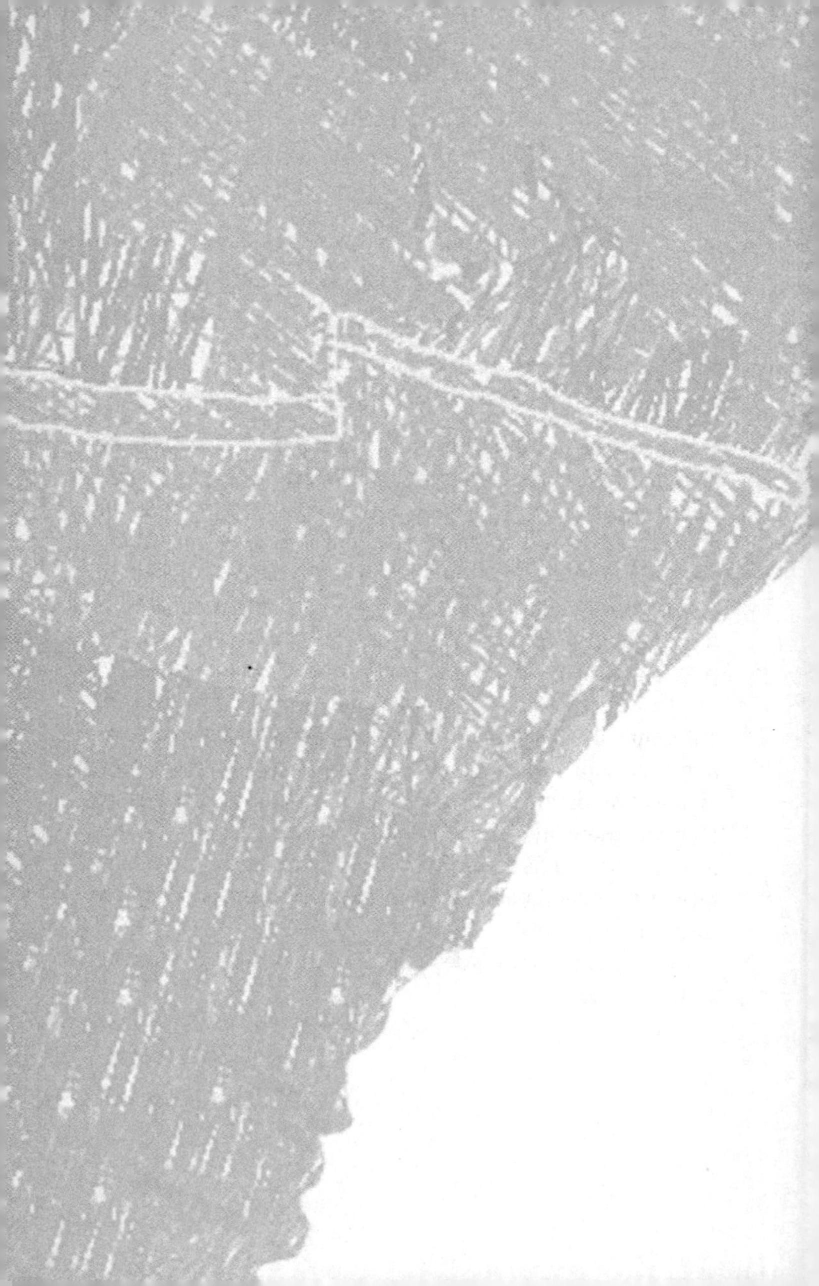

CONCLUSION

Nos deux années et demie d'aventure auprès de pionniers du monde de demain nous ont transformés.

Nous avons partagé au quotidien les réussites et les difficultés d'entrepreneurs qui changent le monde et avons été profondément marqués par la manière dont ils mettaient leurs idéaux en action. Nous avons fait un plein d'énergie et avons ressenti une volonté d'agir, dès maintenant, dans notre pays, *pour* notre pays. Alors que la morosité et le fatalisme gagnent du terrain en France, ce projet nous a donné envie de croire au potentiel de l'entrepreneuriat, de l'innovation, de l'optimisme, de la solidarité et de la jeunesse.

Nous croyons fortement au potentiel de l'entrepreneuriat social. En inventant des solutions durables face à des problèmes de société urgents, nous avons le sentiment que les entrepreneurs sociaux ont le pouvoir de changer le monde… et cela nous a poussés à essayer, à notre échelle.

Au-delà de l'expérience personnelle, nous retenons plusieurs leçons de l'aventure Destination Changemakers.

L'impossible est temporaire.

Aux Philippines, Gawad Kalinga a construit 2 000 villages en dix ans pour les plus démunis, touchant ainsi près d'un million de personnes. En Inde, Aravind Eye Care a réussi l'incroyable exploit de faire passer le coût de l'opération de la cataracte de 200 à 5 dollars, et offre des soins gratuits aux deux tiers de ses patients. Ses hôpitaux ont réalisé 32 millions d'opérations en trente-six ans. En France, Babyloan réunit 25 000 prêteurs solidaires qui ont financé près de 15 000 micro-entrepreneurs dans le monde, pour un total de plus de 6 millions d'euros.

Dans tous les secteurs et partout dans le monde, des entrepreneurs sociaux prouvent que tout problème a une solution, et que l'impossible est temporaire.

Start small, think big.

Les plus grands acteurs du changement ont commencé petit en agissant localement pour répondre à un problème particulier. Muhammad Yunus, inventeur du microcrédit, a démarré en prêtant 27 dollars à 42 micro-entrepreneuses dans un village du Bangladesh. Le microcrédit bénéficie aujourd'hui à 195 millions de personnes dans le monde. Aravind Eye Care a commencé avec 11 lits…

Toutes les grandes réussites le montrent : innover nécessite de tester son idée et de la confronter à la réalité le plus rapidement possible plutôt que de chercher à la perfectionner seul pendant des mois, au risque de se rendre compte trop tard qu'elle est inadaptée.

Se préparer à affronter des résistances.

Au début, ces innovateurs sociaux ont été pris pour des fous, on leur a répété que ça ne marcherait jamais. Ils ont semblé en décalage avec les idées du moment : ils avaient en réalité un temps d'avance sur leur époque. Un des tweets les plus populaires du Skoll World Forum 2012 – le forum mondial de l'entrepreneuriat social – peut résumer cette idée : « Pour être un entrepreneur social, vous devez être incompris pendant au moins dix ans. »

Pourtant, ils ont eu la passion, le courage et la persévérance d'aller à contre-courant et de croire en eux et en leurs idées. Devenir entrepreneur social demande de se fier à son pouvoir de changer les choses.

Peu importe la forme juridique, c'est l'impact qui compte.

Les structures dans lesquelles nous avons travaillé avaient souvent des statuts juridiques différents, ou se revendiquaient de philosophies ou de concepts divers.

Lors de ces deux dernières années, nous avons travaillé avec une ONG (Gawad Kalinga aux Philippines), un *social business* (La Laiterie du Berger au Sénégal), une entreprise sociale à but non lucratif (Lemateki au Sénégal), une entreprise sociale à but lucratif (I Say Organic en Inde), des départements *social business* de grands groupes (danone. communities et BNP Paribas Microfinance, en France), et un département *Bottom of the Pyramid* d'une grande entreprise (*BipBop*, de Schneider Electric, aux Philippines).

Et finalement... les statuts importent peu. Ce qui compte, c'est que toutes ces initiatives cherchent à faire différemment. D'une part, elles changent la raison d'être de l'entreprise en lui donnant un but d'intérêt général. D'autre part, elles modifient la manière d'être de l'entreprise, en appliquant au quotidien des méthodes plus respectueuses de l'homme et de l'environnement.

En d'autres termes, toutes ces initiatives cherchent à dépasser les limites des ONG (dépendance financière), des pouvoirs publics (lenteurs administratives et stratégies électorales court-termistes), et des entreprises classiques (objectif premier de recherche de profits). Elles cherchent à prendre le meilleur de ces trois mondes en misant sur l'initiative individuelle qui est mise au service de l'intérêt général.

Ces initiatives – de plus en plus nombreuses – sont des laboratoires pour tester des modèles à deux ou trois objectifs (*double* ou *triple-bottom-line* conjuguant objectifs économiques, sociaux et environnementaux), et construire les cases manquantes du capitalisme.

L'entrepreneuriat social, pour se développer, a besoin des meilleurs talents.

L'entrepreneuriat social a besoin d'entrepreneurs et de managers capables de manier le langage du business, du social et des partenariats. Lorsque les diplômés les plus talentueux commenceront à mettre leurs talents au service de la société – par exemple, au service de la lutte contre la malnutrition ou de l'accès à l'eau potable pour tous –, très vite, des solutions se multiplieront !

Partout dans le monde, nous avons observé que de plus en plus de jeunes sont en quête de sens dans leur travail. Ce phénomène générationnel explique que de nombreux entrepreneurs sociaux multiplient leurs interventions dans les plus prestigieuses universités du monde entier pour montrer que d'autres voies sont possibles. Les jeunes ne sont pas les seuls à vouloir ajouter une dimension de sens à leur carrière : de plus en plus de professionnels expérimentés opèrent un revirement plus social après avoir acquis de précieuses compétences dans des parcours classiques.

L'entrepreneuriat social n'a pas uniquement comme objectif d'attirer des têtes bien faites. Antonio Meloto, le fondateur de Gawad Kalinga, aime à rappeler qu'il cherche les « cerveaux les plus généreux et les cœurs les plus intelligents[151] ». Une autre dimension est essentielle : la capacité d'action. Le secteur a donc besoin des « cœurs les plus intelligents en action ».

Les jeunes s'engagent dans le monde entier.

Aux Philippines, de plus en plus de jeunes à peine diplômés des meilleures universités du pays rejoignent le Center for Social Innovation pour lancer des entreprises sociales.

En Inde, chaque année, 450 jeunes de 20 à 25 ans se rassemblent dans le Jagriti Yatra et font le tour de l'Inde en train pour devenir le changement qu'ils veulent voir dans le monde.

Dans le monde entier, des centaines de jeunes rejoignent la communauté MakeSense et aident des entrepreneurs sociaux à résoudre leurs défis : en deux ans, ils ont impliqué

151 - « *Most caring minds and most intelligent hearts* », Antonio Meloto.

plus de 11 000 personnes grâce au pouvoir des nouvelles technologies.

Partout où nous sommes allés, nous avons rencontré des jeunes extrêmement sensibles aux problèmes du monde. Ceux-là n'aspirent plus à suivre des parcours tout tracés dans des grandes entreprises : ils veulent changer les choses et ont besoin d'engagement, de concret.

L'entrepreneuriat social ne peut pas tout résoudre seul.

S'il faut être optimiste, nous devons aussi être réalistes : l'entrepreneuriat social ne pourra pas tout résoudre. Certains enjeux se jouent à un autre niveau. Remettre la finance au service de l'homme, instaurer une fiscalité juste en récompensant l'initiative individuelle tout en aidant les plus démunis, garantir le respect des droits de l'homme… cela restera du ressort des États ou d'instances supranationales.

Mais dans le domaine économique, l'entrepreneuriat social est un laboratoire pour inventer un nouveau capitalisme. Pour changer d'échelle et aller jusqu'à un changement de paradigme, il est essentiel que ces expérimentations se multiplient – ce qui est le cas – et qu'elles inspirent les autres acteurs – ce qui est en cours. L'entrepreneuriat social est en train de jouer le rôle de « virus » et se répand progressivement dans les grandes entreprises et les structures publiques.

Chacun peut devenir acteur de changement.

Cette phrase est la devise d'Ashoka, le plus grand réseau d'entrepreneurs sociaux dans le monde ; nous l'avons expérimentée sur le terrain.

Les acteurs du changement que nous avons rencontrés sont des personnes ordinaires : en se lançant et en testant leurs idées, ils développent chaque jour des compétences qu'ils n'avaient pas forcément au début. Ils essuient des échecs, et apprennent sur le terrain, étape par étape, aux côtés de publics très différents : leurs bénéficiaires, leurs partenaires, mais aussi les services publics et des dirigeants de grandes entreprises. Autrement dit, ces personnes ordinaires possèdent une détermination extraordinaire.

Le monde a besoin de tous les talents, dans toutes les disciplines. Les défis auxquels nous faisons face sont extrêmement complexes : il faudra l'ingéniosité de tous pour transformer ces problèmes en opportunités.

Le monde politique doit soutenir ceux qui innovent pour l'intérêt général. Les ONG doivent continuer à se professionnaliser. Les grandes entreprises doivent continuer à questionner l'impact de leurs activités sur la société et l'environnement. Les médias doivent parler davantage des solutions qui nous entourent. L'éducation et l'enseignement doivent faire naître des acteurs du changement dès le plus jeune âge, en donnant aux jeunes le goût d'entreprendre et de valoriser le sens. Les citoyens doivent questionner leurs actions quotidiennes : ils votent tous les jours en consommant, en épargnant, en triant leurs déchets…

Ce sont des convergences entre tous ces acteurs qui permettront à la société de rétablir une évidence, trop souvent oubliée : l'économie doit être au service de l'homme, et non l'homme au service de l'économie.

Le monde auquel nous aspirons n'est certainement pas si loin : il y a fort à parier que si chacun d'entre nous se décidait à agir à son échelle, nous l'atteindrions collectivement !

Pour finir, voici quelques citations qui nous ont accompagnés pendant toute notre aventure, glanées au fur et à mesure de rencontres et de lectures. Elles sont autant d'idées et de conseils qui nous encouragent à agir au quotidien.

Nous avons tous une responsabilité...

« C'est le devoir de chaque homme de rendre au monde au moins autant qu'il en a reçu. »

Albert Einstein

« Le peu qu'on peut faire, le très peu qu'on peut faire, il faut le faire. »

Théodore Monod

N'ayons pas peur de rêver !

« Dans la vie, il y a deux catégories d'individus : ceux qui regardent le monde tel qu'il est et se demandent pourquoi. Ceux qui imaginent le monde tel qu'il devrait être et qui se disent : pourquoi pas ? »

George Bernard Shaw

N'oublions pas de mettre nos idéaux en action !

« Quoi que tu rêves d'entreprendre, commence. L'audace a du génie, du pouvoir, de la magie. »

Johann Wolfgang von Goethe

« La seule chose promise d'avance à l'échec, c'est celle que l'on ne tente pas. »

Paul-Émile Victor

N'ayons pas peur d'emprunter des chemins de traverse.

« Les sentiers battus n'offrent guère de richesse ; les autres en sont pleins. »

Jean Giono

« Qui vit sans folie n'est pas si sage qu'il croit. »

François de La Rochefoucauld

Ne doutons plus de notre impact potentiel !

« Si vous avez l'impression que vous êtes trop petit pour pouvoir changer quelque chose, essayez donc de dormir avec un moustique… et vous verrez lequel des deux empêche l'autre de dormir. »

Le Dalaï Lama

Laissons au professeur Yunus, le premier à nous avoir inspirés, le mot de la fin :

« *Souvenez-vous que chacun d'entre nous n'a qu'une seule vie : nous devons la vivre à notre manière, et c'est à nous de choisir notre destination*[152]. »

Prêt pour devenir acteur de changement ?

152 - Muhammad Yunus, *op.cit.*

Nous tenons à remercier chaleureusement :

• tous les acteurs de changement que nous avons eu la chance de côtoyer, qui nous ont consacré du temps et qui nous ont aidés à mieux concevoir notre avenir professionnel ; en particulier Antonio Meloto, Ashmeet Kapoor, Isabelle Sultan et Bagoré Bathily auprès de qui nous avons réalisé nos missions ;

• nos 171 soutiens qui ont généreusement contribué au financement participatif de notre projet, et nos partenaires financiers : danone.communities, Europ Assistance, Doing Good Doing Well, Étudiants & Développement et la Fondation Masalina ;

• nos précieux mentors pour nous avoir conseillés, en particulier Christian de Boisredon, Olivier Girault et Olivier Maurel, et tous nos amis et proches pour nous avoir suivis et encouragés tout au long de notre aventure ;

• notre éditeur pour sa confiance ;

• nos parents qui nous ont soutenus et encouragés depuis le début de nos aventures.

Jonas et Matthieu avec le professeur Yunus.

Neuf mois de missions sur le terrain, à la rencontre des entrepreneurs qui changent le monde.

Antonio Meloto, fondateur de Gawad Kalinga.

Près d'un tiers des Philippins – soit 30 millions de personnes – vivent encore sous le seuil de pauvreté.

Depuis dix ans, Gawad Kalinga a construit plus de 2 000 villages à travers les Philippines, accueillant les plus démunis.

Afin de rendre ces villages autonomes financièrement, Gawad Kalinga accompagne la création d'entreprises sociales, notamment dans le secteur agricole.

En partenariat avec de grandes entreprises, Gawad Kalinga a créé l'*Enchanted Farm*, une pépinière rurale d'entreprises sociales, située à 50 kilomètres de Manille.

Signature du partenariat entre Gawad Kalinga et Schneider Electric, août 2013.

Village Gawad Kalinga de Binulig.

Visite d'Antonio Meloto dans un village Gawad Kalinga.

Un village Gawad Kalinga dans le nord des Philippines, où nous avons réalisé une étude sur l'accès à l'énergie.

Xilca, Ron et Shanon, cofondateurs de Bayani Brew, une entreprise sociale commercialisant un thé glacé réalisé à partir de plantes locales cultivées dans les villages Gawad Kalinga.

Un magasin Human Nature à Manille.

Dylan Wilk, le fondateur de Human Nature.

Fabien Courteille lance une entreprise sociale commercialisant des jouets fabriqués par les habitants de l'*Enchanted Farm*.

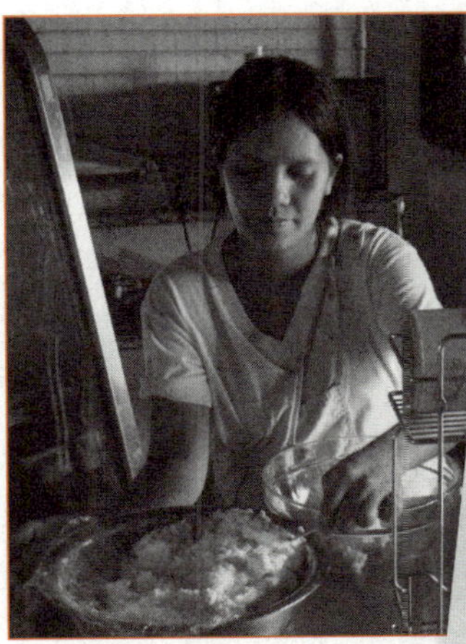

On trouve de tout à l'*Enchanted Farm*... même du fromage de chèvre !

Cherrie Atilano,
la fondatrice de Agricool.

Regard complice entre une mère et sa fille, dans un village du nord de l'Inde.

Un commerçant d'épices à Jaipur, dans le Rajhastan.

R. Elango, entrepreneur social qui travaille à la revitalisation des zones rurales, s'adresse aux jeunes du Jagriti Yatra.

Le train du Jagriti Yatra.

Quinze jours dans une cabine de 6 m², à la rencontre des entrepreneurs sociaux les plus remarquables de l'Inde.

Famille de fermiers indiens,
dans le nord de l'Haryana.

I Say Organic est une start-up sociale basée à Delhi qui commercialise des fruits et légumes biologiques directement des producteurs aux consommateurs.

Jonas et Matthieu avec Ashmeet Kapoor, fondateur de I Say Organic.

Pendant trois jours, nous sommes partis à la rencontre des fermiers bénéficiaires de I Say Organic afin de réaliser une étude d'impact social.

Bagoré Bathily, fondateur de la Laiterie du Berger.

Un collecteur de lait.

Femmes peuls portant le lait lors de la collecte.

La Laiterie du Berger réalise des produits laitiers à partir du lait local, collecté chaque jour auprès de 800 éleveurs peuls du nord du Sénégal.

Lemateki distribue dans les écoles des yaourts renforcés en nutriments pour lutter contre la malnutrition des enfants au Sénégal.

Un enfant sur trois à Dakar souffre de carences en vitamines et nutriments.

Décharge en plein air de Mbeubeuss, où des centaines de familles vivent de la revente de déchets.

Isabelle Sultan, chef de projet Lemateki.

Conception graphique et mise en pages
Guillaume Arduré

Couverture
Thierry Sestier

Photographies
Jonas Guyot et Matthieu Dardaillon

Relecture
Nina Blanchot et Anne-Laure Blusseau

Édition
Thomas Bout et Anne Fitamant Peter

Le papier de cet ouvrage – ARCTIC PAPER MUNKEN WHITE 80 g – est composé de fibres naturelles, renouvelables, recyclables et fabriquées à partir de bois provenant de forêts gérées durablement.

N° d'impression : 29156
Imprimé en France par EMD S.A.S. – 53110 Lassay-les-Châteaux